幸せな人間関係を叶える「光の法則」☆

たちまち、良縁で結ばれる悪縁の切り方

There are rules for achieving successful relationships

Nami Yoshikawa 佳川奈未

青春出版社

相手への最大の復讐は、
あなたがまったく動じないことであり、
むしろ、もっと幸せになることです！

いっそ本音の「まえがき」

あなたの人間関係に“誰を迎え入れるか”で、この人生は決まる！

――良縁とつながる？ それとも悪縁とつながる？ その運命の差は大きい

これは、いやな人間関係に思い悩み、なにかと傷つき、なんとかしたい！ と、もがいているすべての人を救い、幸せで、おだやかな、“価値ある人間関係”と“幸せな人生”を叶えてもらいたいと、誕生したものです。

この本で、最もお伝えしたいことは、ズバリ！

「悪縁」を切るだけで、たちまち「良縁」で結ばれ、人生がガラッと一変し、幸運化する♪ということです。

そして、「悪縁」にやられて、「いい人が、泣き寝入りしてはいけない！」ということであり、「悪縁」は“切ってもいいもの”、いや、むしろ、被害が小さいうちに“切るべきもの〟だということです！

もし、いま、不本意にも、あなたが他人にやられて多大なストレスを抱え、疲労困《こん》憊《ぱい》し、なにかと困っているというのなら、その「悪縁」と、もう、これ以上、つながり続けてはいけません！

実際、私自身も、よくない人とつながってしまったことで（実際には、こちらはつきあうのはごめんだ！　と思っているような人が、一方的に執拗《しつよう》によからぬことをしかけてくるだけ！　ということなわけですが、そういうわけで）、道理の通らぬことや、理不尽なことをされて、とてもいやな思いをしたばかりでなく、精神的に追い詰められ、そのせいで体調を崩し、大切な仕事まで壊されたことがありました。

その、現実の、なんと辛く耐えがたいことか！　なんという大きな損失か！

この世の中の多くの人たちの中にも、「悪縁」にやられ、大切な人生を台無しにしてしまっている人がいるのではないでしょうか。

そして、「この人さえ、いなければ！」と思わず祈ったり、「この人さえ、いなければ、こんなふうにはならなかった！」と、何かが狂ってしまった自分の人生の姿をみて、悔し涙を流したりして。

しかし、それならば、よく考えてみてくださいよ。

「いい人」こそ、幸せにならなくてはいけない！　と。

本書には、私自身の経験からきた教訓や、人間心理に作用する「とっておきの方法」や、幸せな人間関係を叶える「光の法則」があります。それを試していただければ、もう安心♪

あなたも、辛かった人間関係からスッキリ解放されます！　そして、安堵に満ちた〝ふつうの日常〟を取り戻せるやいなや、好きなことや、やりたいことにも思いきり向かえ、自分らしく、楽しく、イキイキと輝けます♪

そのとき、あなたとあなたの人生には、〝本来の力〟がしっかり取り戻されていま す。そして、福徳円満・幸運招来・富貴繁栄・飛躍成功が、自然に訪れる良い状態に なっているもの！

というわけで、さっそく本文にお進みいただき、その最高の状態を、あなたにも叶えていただけると幸いです。

2019年　3月

ミラクルハッピー　佳川　奈未

もくじ

たちまち、「良縁」で結ばれる「悪縁」の切り方

Chapter 1

たちまち良縁に恵まれる☆悪縁の切り方

――やっかいな人たちをバッサリ！　おだやかで幸せな日常を叶える♪

Chapter 2

自分の運は自分で守る☆賢い人の秘密

――小さな兆候を見逃すな！　もう、時間も労力も奪われてはいけません

Chapter 3

みるみる人間関係がよくなる☆光の法則

——あなたの放つ「オーラ」の光で、惹き寄せる人が、ガラッと変わる

Chapter 4

幸せな奇跡が起こる☆波動の法則
――まわりが「いい人」だらけになる！ なにかと「願い」が叶いだす♪

Chapter 5

人とつながり、幸せになる☆次元上昇の法則

――あなたの人間力が高まるとき、人生のあらゆる領域がうまくいく！

Illustration…Ljudmila Gluzdovskaja/ Shutterstock.com
Frame design…rawpixel.com / Freepik
本文デザイン…浦郷和美
本文ＤＴＰ…森の印刷屋

Chapter 1

たちまち良縁に恵まれる☆悪縁の切り方

やっかいな人たちをバッサリ！
おだやかで幸せな日常を叶える♪

ここからが、良縁のはじまり♪

悪縁は、切っていいもの！
むしろ、絶対に切らなくてはならないもの！

この人生は、いつも、自分をとりかこむ人間関係が、良いのか・悪いのか、関わる人たちの精神レベルが高いのか・低いのかで、そのつきあいの質や、そこで起こる出来事や、運気の流れが、まったく違ったものになります。

それゆえ、幸せな人間関係に恵まれ、良質の人生、価値ある人生を叶えたいというのなら、自分をとりかこむ人間関係を「良質」のものにしなくてはなりません。

これは、「そうしたほうがいいよ」というような、生ぬるいメッセージとして言っているのではなく、あなたが〝幸せになる絶対条件〟です！

そのためにも、最初に、やっておきたいことは、「悪縁」を切ることです！

「悪縁」を切るだけで、たちまち「良縁」が訪れ、人生がガラッと一変し、幸運化します！

覚えておきたいことは、あなたの辛い人間関係や苦しい人生は、なにも、「良縁に恵まれていないから」そうなったのではなく、「悪縁」が〝すべてを邪魔しているから〟そうなったのだということです！

何を隠そう！　実は、あなたの心身や運気や人生全般に幸せをもたらす「良縁」というのは、「悪縁」の〝うしろに隠されている〟だけ、なのです。

それゆえ、**「悪縁」を切ったとたん、その、うしろにひかえていた「良縁」が自動的に前にやってくるシステムになっています！**

が、そのシステムの作動を「悪縁」が邪魔しているわけですから、なんとしても、切っておきたいわけです。その〝切り方〟について、このChapter 1で順を追ってお伝えしましょう！

そもそも「悪縁」とは、どんなもの⁉

そうと知らずに関わってしまう☆
けれど、知っていれば避けられる！

「悪縁」を切るには、あなたにとって、誰が、どういう人が、「悪縁」になってしまうのかを、よく見極める必要があります。

というのも、知らないからうっかり関わってしまうし、知ってさえいれば、あらかじめ避けられ、深入りしなくてすむからです。

たとえば、あなたが誰かを見たときに、ただ、生理的に嫌いとか、なんだかむかつくとか、一方的になにか不快になるからといって、それが「悪縁」というわけではありません。

また、相手があなたを嫌っていたり、冷たい態度をとったりするからといって、それだけで「悪縁」になるわけでもありません。

人には、感情というものがあるので、多少の好き・嫌いは、人間誰しもあるからです。性格的に合う・合わないが、あるのも当然だからです。

また、人には、心の状態（虫の居所）の良し悪しというものもあるわけで、優しかったり冷たかったり、日によって機嫌や態度が違うこともあり、だからといって「悪縁」ということではないのです。

「悪縁」とは、あなたの心や体や関わる出来事や場面や、あなたの人間関係や仕事や人生など、あなたの生きるフィールドに、なんらかの形で、「実害」が発生するものです！

もう、かなわんわけですわ〜。誰かよろしくない人のせいで、自分のあれこれがやられるというのは。

しかも、「悪縁」は、こちらが悪いことをしたから発生するというものではなく、こちらがなにも悪いことをしていなくても、なんなら、むしろ、親切にしていても、発生することがあります。そう、それがあだになるような相手によって。相手独特のネガティブな感情やなんでも悪いようにしかとらない物事の解決のしかたやねじまがった感覚、嫉妬やねたみ、悪意で、一方的にこちらがターゲットにされてしまうことで成り立つ縁だから、やっかいなのです。

そのとき、相手の身勝手なたくらみやいやな目的のために、心や体や魂を傷つけられるのはもちろんのこと、会うたびに気分やテンションやエネルギーを落とされることばかり言われたり・されたりします。

ときには、暴力によって体を傷つけられたり、大勢の人の前で故意に悪者にされたり、誹謗中傷されたり、道理の通らぬことや、理不尽なことをされたりするのです。

そういったことを、あなたに対して〝悪意を持ってやる人〟〝あなたが苦しむのをおもしろがったり、楽しんだりする人〟が、「悪縁」の人です！

「悪縁」にからまれると、その人のせいで、心身ともに辛い状況に追い込まれるだけでなく、評判を落としたり、こちらとつきあいのある「いい人」たちとの仲を引き裂かれたり、こちらと誰かがもめるようなことになったり、人との信頼関係や社会的な立場や、自分自身や自分の人生で大切なものを、なにかと壊されるものです。そう、ふつうの、ささやかな、日常さえも！

ひどいと場合によっては、たった一度のこの人生、取り返しのつかないものにされ、その後、生きていくのもままならなくされることすら、あります。

「悪縁」とは、まさに、あなたのすべてを落とす縁、関わったら最後、なにもかもがめちゃくちゃになり、悪いようにしかならない縁、ときには、事件や犯罪にまで至ってしまうような縁です。

とにかく、**「この人にさえ、出会わなければ！」と、後悔したくなる人で、あなたに実質的な「悪害」が及ぶ人との縁、それが「悪縁」です！**

おろかなことは、慎みなさい

自らの愚行によって、よろしくない人を引き寄せてはいけません

前項で、お伝えしましたように、とにかく、「悪縁」のやっかいなところは、こちらがなにも悪いことをしていなくても、ときには、相手独特のネガティブな性質によって、成り立ってしまうというところです。

だからこそ、**ここで、よくよく、わかっておきたいことは、〝相手側のひくつな気持ちで、「悪縁」に火がつく！〟ということです！**

しかも、どういった人が、そのような、「ひくつな気持ちの持ち主」であるのかは、外見からはわかりにくいものです。

むしろ、誰が、いきなり、あなたに対して、「ひくつな気持ち」になり、ネガティブな反応をし、あなたを攻撃してきても、おかしくないかもしれないということです。

それゆえ、「悪縁」を、この日常でかんたんに引き寄せてしまわないようにするためにも、注意しておきたいことは、〝なにがあっても、自分から、人にいやなことを言ったり、むやみに正義感をふりかざしてなにかを指摘したり、誰かの悪口を言ったり、いじわるをしかけない！〟ということです！

ふつうに、明るく、優しく、親切な人でいることを心がけてください。

もちろん、そうしていても、よろしくないことをされることもあるかもしれません。が、自分から、「悪いきっかけを、渡さない！」ということは、とても重要なことだとわかっておくべきです。

もし、自分がなにも、「悪いきっかけ」を渡していないのに、よろしくないことをされたとしたら、あなたのまわりの人や、然るべき人や、弁護士でも、警察でも、あらゆる人たちが、あらゆる場面で、あなたを守り、勝利させてくれます！

不気味な出来事の犯人は、意外な人⁉

サスペンスドラマさながらの連続不運事件は、近所で起こりえる

その理不尽な出来事は、ある新興住宅地のおしゃれなマンションで起こりました。あるときから、ご近所の数件の家で、不可解な出来事が続き、マンションの管理組合では、注意するよう呼びかけられていたのです。

管理組合ではパトロール日が決められ、当番の人たちが建物やまわりの地域を巡回するようにもなり……しかし、なかなか事態は収まりませんでした。

なかでも、男のお子さんが三人いるK子さんのお宅は被害がひどく、窓をあけていると、突然、何者かに石を投げこまれたり、ガラスを壊されたり、玄関ドアのポケットにたびたび「香典袋」が投げ込まれたりしました。

また、郵便受けには連日のように火をつけられ、何度も何度も子どもの自転車がパンクさせられ、ご主人の車が傷つけられました。それらを修理しても修理しても、ことごとくやられ、精神的にまいるだけでなく、金銭的にも大きな被害を受けていました。

「一体、誰？　うちにばかり、なぜ、こんなことが？　私になにか恨みでもあるの？　でも、私にはどんなに考えても、人にこんないやがらせをされる理由は思いあたらない……」

それもそのはず、K子さんは、明るく親切で、ご近所でも誰からも好かれる人で、子どもたちも礼儀正しく、あいさつをかかさない子たちでした。

ご主人はマンションの管理組合の役員もしていて、なにかとよく動く人で、住民たちから、頼りにされ、慕われていました。

まさに、誰がみても、理想的なご家族でした。

それゆえ、連日の出来事には、なんともいえない不気味な感じを覚え、K子さんは、不安と胸騒ぎがとまりませんでした。

今度は何が起こるのかと、もう、毎日、びくびくするようになったK子さんは、精神的に限界を迎え、とうとう引っ越しすることに。

「もう、こんなに怖いところには住んでいられない！　私はどうにかなりそう！」と。

そうして、引っ越しの日を迎え、荷物がすべてトラックに積まれ、子どもたちもご主人と車に乗り込み、あとは、家のカギをしめて出るだけという段になったとき、からっぽの部屋にひとりでK子さんがいると、突然、ピンポーンと玄関のチャイムが鳴ったのです。

誰だろうと、ドアをあけると、そこには、いつもマンションの公園の砂場でよく見かける、顔見知りの、おとなしそうな奥さんが立っていました。もちろん、その人とは、これまで一度も話をしたこともなく、名前も知らず、それゆえ、そこにいたことが、不思議でなりませんでした。

「あれ？　この人がなぜ？　何の用かしら？」

そう思って、きょとんとしていると、その奥さんは、こう言ったのです。

「……今日で、引っ越しをするのね」

「あっ、はい……」

「それなら、教えてあげるわ……。お宅の郵便受けに火をつけたのは、私よ！　自転車や車をやったのも私よ！」

「えっ⁉」

「どう？　怖かった⁉　辛かった⁉　悲しかった⁉　でも、私のほうがもっと悲しかったのよ‼　あんたのせいで、毎日、針のむしろで、苦しくて、辛くて、生きた心地がしなかったわ‼　早くこのマンションから、出ていけばいいのよ‼」

「私があなたに何をしたっていうの？」

「ここにいるだけで、腹が立つのよ！　ぜんぶ、あんたのせいよ‼　あんたがこれみよがしに、幸せそうに、ここに住んでいるから、悪いのよ！」


その奥さんの話によると、自分のところにも子どもがいるけれど、三人の子どもはすべて女の子で、K子さんの家には三人の男の子がいて、そのせいで、お姑さんに、いつも、なにかとK子さんと比べられ、嫁いびりをされていたというのです。そのお

姑さんは、ことあるごとに、

「私は、男の子の孫がほしかった！　それなのに、あんたは女の子しか産まないなんて、ありえない！　長男の嫁なのに、男の子を産まないなんて、どうやって、家を継ぐつもりなのか！　三人目は期待していたのに！」

と、言われていたというのです。しかも、

「K子さんのところは男の子が三人もいて、私はうらやましくて仕方ない！　私は、K子さんのような人を息子の嫁にすればよかった！　あんたのような、陰気で役立たず、見ているだけでいらいらする！」

と、連日のようにお姑さんに言葉の暴力やいびりや体罰を受けていたというのです。

そうして、その苦しみの原因はすべて、同じマンションに住むK子さんにあるのだ！　と、一方的に恨んで、いやがらせをしていたというのです。

また、男の子がいる他の家庭も許せないと、同じように、いやがらせをしていたというのです。

それを聞いたK子さんは、驚いて、体が震えたといいます。

というのも、なにせ、訪ねてきた、その奥さんの手には、花用の大きな鋏《はさみ》が握りしめられていたからです。

とっさに、K子さんは、自分の身を守るためにも、この奥さんの心を救わなくてはならない！　と直感的に感じ、責めるのではなく、優しい口調で、相手を刺激しないように、こう言ったといいます。

「そんな辛いことがあなたにあったなんて、私は知らなかったわ。ごめんなさいね。でも、同じように、私もとても辛かったのよ。

実は、うちでは、お姑さんに、女の子がほしいと言われていたの。でも、三人目も女の子ではなかったことで、私も嫁いびりをされて、辛かったのよ。だから、あなたの気持ちはよくわかるわ。そして、……私はあなたを許します」

「えっ？」

「それに、あなたのところのお嬢さんはとても可愛いわね。公園でお見かけするたびに、心が癒されていたのよ。本当に、いい子たちね。ときどき、エントランスで会うと、〝こんにちは♪〟と、あいさつしてくれ、感動していたのよ。

あの子たちは、宝物よ！　たとえ、お姑さんが何と言っても、あなたの産んだその子たちは、可愛い大切な宝物！」

するとＫ子さんは、こう言ったのです。

「えっ？　女の子がいなくて、あなたはお姑さんにいじめられたの？」

「そうよ。でも、子どもには何の罪もないし、あなたにも、私にも、何の罪もないのよ。誰かの希望に応えながら生きられないことだってあるわけだし。こればかりは、天からの授かりものだもの。

私は、自分に授かった子どもが、男であれ女であれ、みんな可愛いから、誰が何を言おうと、気にしていない。むしろ、授かったことに感謝して、大切にしているわ」

すると、その奥さんは、突然、泣き崩れて、こう言ったといいます。

「ごめんなさい……もう、しないから……」と。

その後、Ｋ子さんは、他の街に引っ越したので、もちろん、それっきり、その奥さんとは、会うことはありませんでした。

しかし、他人が、自分の何をみて、嫉妬やねたみを覚えるのかわからないと、そのことの怖さを覚え、また、誰かが自分の知らないところで「悪縁」に転じてしまう場合があることの怖さも知ったといいます。

そして、**不気味な状況・不運な出来事・負の連鎖・被害の拡大を断ち切るためには、その場所から、「一刻も早く、逃げる！」ことも、大切なことだと痛感したと。**

実際、Ｋ子さんが、あのまま、あのマンションに住んでいたら、もしかしたら、いつか、物だけではなく、自分自身や子どもたちの身も危なかったのかもしれません。

「悪縁」からのがれ、完全に「断ち切る」ためには、ときには被害が拡大する前に、思いきって、自ら安全圏に移ることも、必要なのかもしれません。

そうすれば、いやな人からの、いやな出来事を、不本意なまま、甘んじて受け続ける必要もなくなるからです。

ちなみに、こういったことを言うと、なかには「なぜ、悪い人のために私が引越しなきゃいけないの!?」「なぜ、悪い人のために私が会社を辞めなきゃいけないの!?」などと言って、意地でもてこでも、自らは良い策に出ないという人がいるものです。

が、そういう考えの人ほど、「悪縁」をいつまでも長引かせ、拡大させてしまいやすい傾向にあるものです。

ご近所トラブルで取り返しのつかないことになる前に、引越しもありです！　いやなお局様のいる会社を早めに辞めて、良い職場で働くのもありです！　会社で5年いじめられて、うつになって後悔する人もいるわけですから。それに、奪われた年月と人生は取り戻せないのですからねぇ〜。

そういった意味で、自らの決断によって、人生の軌道修正をするのも、ありなのです。

幸せは、見せびらかさない

人のハッピーなものを、祝福する人もいるが、いらつく人もいる!?

この日常で、自分の生活フィールドにいる、まわりの人たちから、「悪縁」をつくらないために、しておきたいことがあります。

ズバリ！　それは、「自分の幸せを、見せびらかさない！」ということです！

もっというと、〝いいこと〟や、〝うれしいこと〟、〝めでたいこと〟や、〝誉れなこと〟は、いちいち、むやみに、近所の人やまわりの人に、これみよがしに、言いふらしたり、見せびらかしたりしないにこしたことはないということです。

自慢すべきではない人たちの前や自慢にふさわしくない場所で何かを自慢すると、嫉妬やねたみをかいやすいのはもちろんのこと、反感をかい、足をひっぱられやすいものです。

また、そうならなかったとしても、ひとたび何か失敗し、辛い出来事が起きたときに、「それ見たことか」「いい気味だ」などと思われがちで、人が助けてくれないものだからです。

とはいうものの、幸せや、うれしさや、よろこびというのは、なにかと、そこはかとなく、人の表情や暮らしぶりに自然と現れてしまうのです。

それを、どうすることもできないといえば、どうすることもできません。自分の幸せを故意に隠し、幸せではないふりをするのは難しいというものです。

しかも、そのことで、他人から嫉妬やねたみを持たれないようにしようと思っても、そもそも嫉妬やねたみや恨みがましい気持ちを持っているタイプの人には、なにかと気づかれてしまいます。

それに、「悪縁」に転じやすい人というのは、自分の幸せをちゃんと味わうことをしないくせに、他人の幸せにはやたらとフォーカスし、執着して、目を光らせているものです！

それゆえ、自分のまわりの人を「悪縁」の人にしないためにも、「幸せを、見せびらかさない」「言いふらさない」工夫が、必要になってくるわけです。

では、よろこばしいことは、誰にも言ってはいけないのか？　というと、そうではありません。

あなたのことを本当に思ってくれている家族や、心の通った友人や、一緒によろこんでくれる大切な人にだけ伝え、一緒に味わえばいいだけです！

そして、たとえば、誰かに、何か、自分の幸せやいいこと、うれしいこと、めでたいこと、誉れなことについて、何か聞かれたとしたら、軽くこう言えばいいだけです。

「ええ、そうです。ありがとうございます。おかげさまで」と。

そう謙虚に言うにとどめ、それ以上を自分からぺらぺら話さなければ、賢い人でいられ、おかしなことを言われたり、被害を受けたりせずに、すむわけです。

それについて、『易経』(聖人賢者の書いたとされる重要書物)には、こんな教えがあります。

「よろこばしいことは、〝やったー！〟と、両手放しでよろこんだりして、有頂天になってはいけない。また、むやみに他人に言いふらさないこと。

よろこびは、自分の中で〝よっしゃ！〟と小さくガッツポーズをし、そのよろこびを内側でかみしめ、お腹でよろこぶ(丹田に落とし込んで、よろこぶ)こと。それが、賢い人のあり方である」と。

ちなみに、有頂天になると、なぜ、よくないのかというと、頭に気が上がってしまい、そのとき、足がすくわれ、転びやすく、人は危うくなるからです。

しかし、お腹でよろこぶと、気は上にいかず、お腹に溜まるので、人はでんとした態度でいられ、足元が安定し、転ぶことがないのです。

いいですか！　そもそも、この日常の中で、「悪縁」となって、人に危害を加えやすい人は、おうおうにして、心の中がおだやかでなく、〝不幸な気分〟を抱いていることが多いわけです。

そのとき、その人たちの生活が実際に何か困窮しているという場合もありますが、逆に、生活自体はそれなりのものであったり、むしろ、他人より環境的に恵まれていたりする場合もあります。

が、その状態がどうであるかには関係なく、なにかしら〝おもしろくないこと〟を心の中で抱えている人なわけです。

要は、そのような人は、〝他人の幸せが、おもしろくない！〟わけです。

ですから、「自分は、こんなにすごいんだぞ！」「自分には、こんなに幸せなことがあったんだぞ！」などと、こちらの幸せを聞かせ、見せつけ、〝悪縁の種〟を持った人たちを、自ら刺激する必要はないのです。

こんな人には、気をつけろ！

〝ささいなこと〟の中に「悪縁」の芽をみつけ、早めに摘んでしまう

あなたのまわりにいる人で「悪縁」に転じやすいという、気をつけたい人は、ズバリ！　「いやみや不快なことを言う」という人です！

とにかく、顔をあわせると、なにかと不快な気分になる言葉や、余計なひとこと、否定的な見解を、チクッと言う人がいるものです。そう、あなたの心に針をさし、あなたからしゅるしゅるとぬけるエネルギーを、自分が吸収して、元気を得る人が！

それを、本当に悪気があってする人もいれば、悪気はないけれど、もう癖のようになっている人もいるものです。

どちらにせよ、そういう人は、エネルギーバンパイア！「気をつけて、対応する」「深入りしない」ようにすることです！

たとえば、あなたが髪を切ってきたとき、顔を見るなり、いきなり、こうくるものです。

「あら、髪を切ったのね。切らなきゃよかったのに……。前の方がよかったわよ、残念ねぇ」と。また、あなたが新しい洋服を着てきたとすると、「わぁ、その色、ぜんぜん似合ってないね」とか。あるいは、会社のランチタイムに、みんなで楽しく食事をしているときには、「何をはしゃいでいるの!?　ここは学校じゃないのよ！　会社に遊びにきているわけ!?」などと。

そうやって、なにかにつけ、ちょこちょこ頻繁に、かつ、一瞬！　で、あなたの気分やテンションを落とし、あなたの笑顔を消し、トーンダウンさせ、落ち込むことによろこびを感じ、自分はスカッ！　としているわけです。

そういう人は、たいがい、誰にも相手にされていないもので、それゆえ、ひとりで、

〝スッキリゲーム〟をしているわけです。いやみを言い、人を不快にさせ、自分が元気を得るために！

ホントに、悪趣味なゲームなわけですが。しかも、こちらはそんなゲームを一緒にしたくはないのに！　巻き込まれるなんて、迷惑でしかありません。

この、「いやみや不快なことを言う」ということは、一見、取るにたりない、〝ささいなこと〟のように思われるかもしれません。しかし、わかっておきたいことは、人は、「いやみ」を言うとなると、それ相応の攻撃性が必要になるということです。

もし、〝相手の気分を害したい〟〝相手を落としたい〟〝ぎゃふんと言わせたい〟というような気持ちが、これっぽっちもなければ、人は、他人にいやみなど決して言いません！　いや、言えたものではありません。

平気で、しかも、顔を見るたびに、何度でもそうできてしまうというのは、なにかしら、お腹の中に、〝おもしろくないもの〟や〝敵意〟を少なからず、日頃から抱いているということであり、距離をとりながらつきあうにこしたことはないのです。

あなたの大事な話をしてはいけない人

やっかいな〝嫉妬深いエネルギーバンパイア〟の前では、宝を隠せ！

エネルギーバンパイアは、最初、あなたの笑顔を消し、元気を奪い、エネルギーを落とすだけで満足しています。しかし、そのうち、恋愛の邪魔をし、あなたの彼を奪い、仕事で足をひっぱり、公に人の前であなたに恥をかかせ、傷つけ、人生を台無しにしたい！　と、次第にエスカレートするものです！

そんな、「悪縁」に転じやすい人というのは、自分にはあまり〝いいこと〟がなく、人生がうまくいっておらず、いつも、心がおだやかではありません。

それゆえ、そういう人の前では、あなたの大事な話をしてはいけません！　これは、自分の〝幸せになるためのミッション〟として、心得ておくことです。

とにかく、あなたのいい状態や、満たされている感じ、よろこばしい出来事や幸福感は、隠しておいて、ちょうどいい！

極力、自分のプライベートな話や、家庭や恋愛のこと、夢や願いにかけている！などという話や、いい仕事の話が来たこと、ビッグチャンスが訪れたことなど、大事に進めたいこと、絶対に叶えたいことは、一切、話さないことです！

そもそも、これから良い展開になりそうなことや、大きな夢や願いが叶いそうだということは、人にむやみに口外するものではありません。

というのも、そのとき、あなたの中から〝成就のエネルギー〟が漏れ、しぼみ、とたんに叶わなくなってしまうからです。

しかも、大事なことにかけているとき、あなたも本気であり、誰にも邪魔されたくないはずです。

そのとき、なにかと、いやなことを言われたり、されたりして、気分を乱され、運気を乱されたりしたら、あなたの中にも、その人に対する、怒りや憎しみが湧き上がり、いつ、戦争勃発《ぼっぱつ》になってもおかしくない状態になることでしょう。

すると、いやな因縁が発生し、両者は必然的に「悪縁」となり、なにかといやな出来事を展開させてしまうもの。

そうならないようにするためにも、やられっぱなし、その行為の野放しは、よくないのです。

では、どうやって、対処すればいい？

それについて、次のページで、お伝えしていきましょう。

たった一度でOK！　効果的な魔法の言葉

とっておきの方法は、最初の一度、たった一回きりが、肝心となる！

あなたが何も言い返せず、落ち込んでいるだけとなると、相手はやがて、もっとエスカレートして、さらに、ひどいことを言って、あなたをいじめるのが「癖」になるものです。

しかし、その人の癖で、習慣で、こちらがやられたのでは、たまったものではありません。それによって、さらにひどい行為に走られては、許せるものではありません。

それゆえ、みつけた「悪縁」の芽は、小さなうちに、素早く、摘み取ってしまうことが大切です。

摘み取るための「とっておきの方法」は、いやな何かを言われたら、〝一度だけ、そっと相手に、柔らかい態度で近づき、ただひとこと、次のような「魔法の言葉」を言う〟ことです！

「そんなふうに言われると、少し不愉快ですよ」
「いまの言葉、ちょっと傷つきましたよ」と。

もし、誰かに、何か、いやみや不快なこと、心を傷つけられることを言われ、精神的にやられたり、物事に被害を受けたりするようなら、その場ですぐに、そっと相手に、そう言ってみてください。

できるだけ柔らかい物腰で、〝一度だけ〟相手にそれを伝えます。できれば観音さまのような微笑みをたたえて、聡明な感じで。そして！　あとは、放っておくのです。

誰かのいやな言動をとめたいというとき、悪縁の芽を摘み取るというとき、なにも、きついことを言う必要も、する必要も、ないからです。
のれんのように、軽くかわすだけで、被害が軽いうちに、やめさせることはいくらでもできます！

とにかく、一度だけですよ！　二度も三度も、言いに行く必要はありません。
しかも、言うタイミングは、〝言われたら、その場ですぐ！〟です。

何かを言われて、落ち込んだり、悔しがったりして、ひとりであれこれ考えて、だんだん腹が立ってきて、「やはり、言い返さないと気がすまない!!」というくらい、感情を溜めこんで、時間を経過させてから、相手を自分からつかまえに行ってまで、言ってはいけません。

そんなことをすると、自分からケンカをふっかけてしまうことになるからです！
しかも、売られたケンカを買いに行くほど、バカなことはありません。売られても、「必要ございません」と、購入拒否です！

いやなことや悪いことをやめさせるには、その人が、そういうよくないことをしたときに、その場ですぐに伝えるから、効果的なわけです。

子どもが、危ないことをしたときに、「ダメよ！　そんなことをすると、ケガをするから！」と、母親が間髪をいれずに注意するから、子どもは、今やったことは、よくないことだとわかるのです。

時間が経ってから、はらわたを煮えくりかえらせ、「ちょっと、話があるの！　この間のことだけど！」とやると、あなたの方が、蛇のように執念深い人だと思われ、相手にこう言われかねません。

「なんのこと!?」「私が何をしたって、言うの？」と。そのうえ、もしかしたら、「この間、○○さんが、私に殴り込みにきたのよ。怖い人でしょ～」と、まわりの人に言いふらされかねません。

……トホホホホ、そんな、あほらしいことはないわけです。

とにかく！　その場で！　たった一度！　柔らかい物腰で！

を守ってください。そのとき、決して、弱々しく言うのではなく、しっかりと気は入れたままで、どうぞ♪

さらりと〝ふつうの口調〟で、おだやかだけれども、相手の目を見て言い、すぐにその場を離れてください。席を立つなり、トイレに行くなり、外に出るなりして！

そのとき、まちがっても、怖い顔をしてにらみつけて、その場に仁王立ちになって、〝やるなら、やってやるぞ！〟的な態度で、こちらもいやみを言い返したり、もう一つおまけのきつい言葉のパンチをくらわせたりして、ゴングを鳴らして、同じリングに立ってはいけません。

チンッ！　というゴングがあなたの頭の中で聞こえたとしても、戦うのはやめましょう。そんな、低次元な人と戦っても、何の褒美もありません。

しかも、戦わずにはいられないというのなら、あなたも相手と同レベルになってしまうわけですからねぇ～。

こちらは極めて冷静でいて、「別に、あなたが何を言おうが、そんなことくらいで私は怒りはしませんが、あなたは、もう少し、人の気持ちというものを理解なさったほうが、よろしいのではないでしょうか？」くらいの寛大さで、対処してください。

要は、その人の〝間違ったあり方〟を、賢く示せればいいわけです。

そうすれば、言い争う時間や場面を持たずにすみます。その場にいたままでいるから、ああだこうだと言い合うことになり、ケンカになるわけですから、そういうことはしないようにします。この省エネの時代に、無駄なエネルギーを使う必要はありません。

けれども、何も言わずに黙っていると、また同じことをされ、されっぱなしになるので、〝それをここで終わらせるために、言う〟というのが目的だとわかっておいてください。これ以上、いやみを言わせないために、言うわけです。

だいたい、あなたにいやみを言う人は、あなたが何も言い返せないと思って、好き勝手に傷つけてくるわけです。それゆえ、〝こちらにも心があるし、傷つくし、怒りたくなるし、悲しい〟ということを、示しておく必要があるわけです。

言い返してこないと思っていた人が、言い返してくると、相手は、自分がいやみを言っておきながら、やはり、驚き、何も言えなくなるものです。

ちなみに、感情は生ものです。怒り狂ったまま家に帰ると、あなたの中でその怒りの感情が増幅し、腐って、あなたの心を毒します。

それゆえ、感情は持ち帰って、溜めこんだりせず、可能な限り、その場で処理し、コンパクトに、きれいに、捨てるといいのです。

正義感は、役に立たないと心得よ

悪者に、正論は通じない。それゆえ、あなたの正義感を通さないこと

前項の続きで、大切なことを、ここでも少しお話ししておきましょう。

たとえば、いやみや不快なことを言ってくる相手が、こちらが思うよりも、はるかに、感情レベルの未熟な人であった場合、あなたが勇気を出して、

「そんなふうに言われると、少し不愉快ですよ」

「いまの言葉、ちょっと傷つきましたよ」

と言ったとしても、もしかしたら、

「あら、その服、似合わないから、似合わない！ と、あなたのためを思って言ってあげているだけよ」

などと、しつこく、〝いやみの正当性〟を言い始めるかもしれません。

そうなると、もはや、相当ゆがんだ性格であるからして、おかわいそうにと同情するにとどめ、〝まともに相手をしない〟というスタンスでいてください。

まちがっても、反撃に出たり、あなたの正義感をもって対処しようとして、「あなたって、そういうところが間違っているわ！　あなたの言葉でどれだけ人が傷ついているのか、わかりますか！　あなたのような性格は、直したほうがいいのではありませんか！」と、くってかかり、「いまこそ、この性悪女を私がぎゃふんと言わせて、降参させてやる！」などと、ゆめゆめ思わないでください。

というのも、**悪者には、そもそも「正論」も「正義感」も、通じないからです。**

戦隊もののヒーローをみていても、わかるでしょう。「何の罪もない人々に悪さをするのは、許さん！」と、その戦隊ヒーローが言ったところで、悪者の妖怪や怪獣には通じないから、厄介なわけです。

というか、罪のない人をやっつけたいというのが、悪者の目的なわけですからねぇ

〜。そう、自分たち悪の軍団が天下を取りたいがために！

しかも、正義感まるだしの人ほど、よけい、悪者にこっぴどい目にあわされることになります。「なにを、生意気な!!　おのれ〜、くそ〜」と相手の闘志を燃やさせることになり。

正義感が通じるのは、正義がわかる人に、正しいことや、善なることを伝えるときだけです。

もし、あなたが、自分の正義感ゆえに、会社の中で、誰か間違った人をつるしあげようと、正義感をふりかざして、その人を責めたら、おそらく、あなたが明日から会社に行けなくなるようなことになりかねません。そう、やられたことに悔しさと怒りを募らせた悪者のさらなる悪知恵によって！

そんな恐ろしいリスクを負う必要はありません。

こちらが賢くなれば、悪者と縁が切れる方法、いや、悪者自らが離れていくやり方は、たくさんあるわけですから。

まぁ、だから、それをお伝えしたくて、今回、この本を私も書いているわけですよ。はやまらずに、落ち着いて、読み進めてくださいよ。いったん、落ち着きましょう！

さて、ここで、あなたが少し安心するために、ひとつ、いいことをお伝えしておきましょう。それは、あなたにいやみを言う人は、たいがい、他の人にも同じようなことをしているということです。やられているのは、あなただけではありません。

それゆえ、「自分だけ、こんなことをされるなんて！」と怒ったり、悲観したりする必要はありません。

できれば、悪者に対しては〝あなたになど、まったく、なにも、影響されませんわ〟というくらい、で～んとかまえて、余裕のある人でいてくださいな。そうすれば、まわりがあなたの正しさをわかってくれ、みかたになってくれるもの！　だから、ここは賢くまいりましょう♪

Chapter 2

自分の運は自分で守る☆賢い人の秘密

小さな兆候を見逃すな！
もう、時間も労力も奪われてはいけません

「悪縁」の芽が出てしまった人の特徴

悩み・問題・障害・崩壊！
そんな副産物を生み出す悪縁のサイン

ここでは、「悪縁」になりかねない、注意しておきたい人の特徴をみていきましょう。みていただくとわかりますが、これって、そこら辺にいそうな、〝ふつうの人〟で、〝ふつうの程度の悪さ〟な感じです。

しかし！　そういう人であるからこそ、注意する必要があるわけです！

ふつう、人は、何もなければ、ふつうに淡々としているか、ふつうに親切です。ふつうの人のようで、「ちょっと、いやな感じ」というのは、ふつうではないのです（まあ、ふつうの基準というのも難しいわけですが）。

次のような特徴がある人がそばにいるとしたら、もはや、「悪縁」の芽が出ているサインかもしれません。刺激しないよう、深入りしないよう、関係を考えながら、つきあうことを心がけましょう。

✳もはや「悪縁」の芽が出てしまっている☆要注意な人の特徴！

□会うたびに、何かひとこと、あなたの気分を害するような言葉や、あなたを傷つけるようなことや、いやみや不快なことを言う人
□接するたびに、気分やテンションが、ドンと落ち込むようなことを平気でしてくる人、また、それが毎度毎度な人
□接触するたび、無条件に、気分や体調を崩されるような人で、あなたがいやで、いやで、しかたのない人
□人の言うことを何でも悪いようにしかとらず、ネガティブな解釈をしては、なにかと突っかかってくる人
□こちらが、どんな親切や誠意や愛や善意をもってしても、一向に伝わらず、すべて真逆にとり、「そうじゃないよ。ちがう！」と説明するのもしんどい人、話す

だけで、接するだけで、どっとエネルギーが奪われる人

□嫉妬やねたみが強く、恨みがましい人で、こちらは相手にしていないのに、やたらとこちらに執着してきて、ねちねちといやなことを言ったり、したりしてくる人

□つきあいの中で、何かと不透明なところがあり、物事をごまかし、嘘をつくことが多く、「えっ?」「うそ?」「あれ?」と、こちらの中に「?」や「用心」なしでは、つきあえないような人

□自分の利益のためには、こちらやこちらとつながる人々に対して、汚い小細工や作戦を、平気で使う人

□こちらを困らせたいかのように、なにかと物事を妨害してくる人、こちらの足を引っ張ったり、仕事の邪魔をしたり、こちらが不利になるようなことを故意にしくむ人

□こちらを利用し、取れるものを取るだけ取ったら悪く言い、こちらをボロ雑巾のように捨てる、エゴまるだしの身勝手な人

□「裏表」があり、なにかと人を裏切るくせがあり、いつ、手のひらをかえすのか

わからないと、ひやひやしながらでないとつきあえないような人
□こちらの大切な人脈の中に入ってきてはみんなをひっかきまわしケンカさせたり、こちらの大切な誰かとの間に入ってきては、仲を裂くようなことをする人
□人間性を疑いたくなるような言動が多く、もはや、なにをどうやっても、その人とは、うまがあわないという人
□エゴが強く、自分勝手で、自分さえよければ他人はどうなってもいいという己の利益のためならどんな手段でも使い、他人に不利益を与えて平気な人
□なにかと、ちょこちょこ、小さないやがらせをされ、ストレスでしかない人、このまま、つきあっていると、こちらがその人にいやなこともしかねないというところまできている人
□不本意なままでの、自分のエネルギーダウン・運気ダウン・タイムロスの大きな原因になっている人
□なにかとこちらの精神がまいる人
□まわりに平気で嘘や作り話をし、こちらの評判を落とすようなことをする人
□こちらをいじめ、悲しませることを、〝自分の幸せ〟にしているような人

□こちらがふつうにしていても何かと攻撃的な人
□道理の通らないことを言いがちな人、理不尽な戦いを挑んでくる人
□異常なまでのおせっかい！　頼んでもいないのに、こちらの何かを勝手にやり、そのくせ、「してあげたのに！」と恨みがましく言い、まわりに悪口を言い、こちらを〝誠意〟のかけらもないかのような悪者にしたがる人
□「あなたに憧れています！」「あなたを尊敬しています！」と、それを理由に執拗《しつよう》にこびてきて、こちらが許可不可能なことを猛アタックしてきたり、何かを強烈に要求してくる人。こちらの都合は無視して、自分の目的達成のためにこちらの価値を最大限利用することだけを企んでいる人。何かをダメだと断っても、全く話を聞かず、断らせてくれないしつこい人
（こういう人は、こちらに気に入られるようにしては利用し、なんらかのポジションを奪うもの。あるいはかわいさあまって憎さ百倍で、憧れている人を好き過ぎて、嫌いになり、思ってもいないところで、悪口を言ったり、攻撃をしかけてくる）
□ニコニコして近づいてくるくせに、陰でこちらのことをひどく誹謗中傷している

人（こういうことは、その人本人と接しているだけではわかりませんが、まわりから、「悪く言われていたよ」と、話がなにかと耳に入ってくることでわかります。それがわかったら、注意！）

いかがでしょうか？　あなたのまわりに、こういった「悪縁」の芽がすでににょきにょき出ている人がいたら、気をつけましょう。

とはいうものの、いきなり無視したり、冷たい態度を取ったりするのは、やめてくださいよ。あなたは、ふつうにしていてください。

心の中で、「気をつけよ！」と、賢くなるということです。そうすれば、自ら、「悪縁」の人と、積極的に関係を続けてしまうというようなこともありません。

そして、なにも心配いりません。

というのも、そもそも、このような特徴のある人とは、人は、あまり、「仲良くしたい」とは思わないもので、あなたも、自ら、近づいてはいかず、本能的に、自然に、避けることができるからです。

それゆえ、ひどい「悪縁」にはなりにくいものです。

さて、これとはまた違う〝別次元〟の特徴のある「悪縁」の人というのがいます！

そして、本当は、そういう人のほうがやっかいで、〝恐怖の怪談物語〟になりやすいのです。いったい、それは、どんな人？

それについて、次の項で、お伝えしましょう！

「まさか、あの人が⁉」に、やられないために

外見で人を判断しないこと☆
先入観が、本当の姿を見えなくする⁉

人間関係を本当に幸せなものにするためにも、ここで、わかっておきたいことがあります。

それは、「ニコニコした顔をしてやってくる、とんでもなく怖い人」も、この世の中には、いるということです！

それについて、わかりやすい人といえば、結婚詐欺や投資詐欺や、不動産詐欺や留学詐欺かもしれません。

そして、そういうものの被害者の人たちが、事件発覚後、口をそろえていうのが、「まさか、あの人が、そういうことをするなんて！」という言葉です。

いいですか！　勘違いしないでくださいよ！
「悪縁」になる人は、「悪魔のような外見」で、「この人こそ悪魔だ！　気をつけろ！」と、すぐにわかるような容姿や外見やあり方をしていないということです。

悪者は、はっきりと、「はい、私が、悪者で～す！」というような、わかりやすい外見も登場のしかたもしていないから、あとで、なにかあったとき、「まさか、あの人が！」ということになり、驚くわけです。

しかし、「まさか、あの人が！」と、あとで言わなくてはならないような人にも、本当は、最初から、ちゃんと、特徴というか、悪い方向に物事が流れていきそうな〝小さな兆候〟というのが、あるわけです。

それをちゃんと、みていないから、人は、騙されたり、悪くされたりして、不運なことになるわけです。

ここでは、そういう「まさか」の人の、特徴というか、小さな兆候について、お伝えしましょう。

「まさか、あの人が！」という人の〝小さな兆候〟

《気をつけたい小さな兆候 1》

おとなしそうで、弱々しそうで、そのくせ、「えっ！」と思うような驚くべき一面を持つ、二重人格ぶりが「こわ～」と感じるおとなしい人。

（あなたに必要な対応 ↓ おとなしい人＝いい人とは限らないと認識する。逆に、強面の人は悪い人という先入観も捨てる。とにかく、人を外見で判断しない！）

《気をつけたい小さな兆候 2》

ありえないような、ものすごくいい条件を「あなたにだけ」という形で、ニコニコしながら持ってくる。そして、こちらが「いらない」と示しても、なぜか、絶対にそれを断らせてくれない！

（あなたに必要な対応 ↓ なぜ、私だけ？　その確認。不要なものは不要と、キッパリ断る勇気を持つこと！）

《気をつけたい小さな兆候 3》

その人と接していくと、「ん？」「あれ？」「えっ!?」「うそ？」「ちょっと待って？」というような、「？」や「小さな疑問点」が、ひとつやふたつではなく、なにかとたくさんある。また、不透明なことが多く、それについて聞いても、はぐらかされる。

（あなたに必要な対応 ↓ それって、どういうこと？　と不安に思ったら、その都度確認すること。そして不本意なものには、関わらない！）

《気をつけたい小さな兆候 4》

その人と接していると、なぜか、話が二転三転し、途中から連絡が取れなくなり、つっこんで何かを聞こうとすると、わけの分からぬ説明をするか、怒りだす。

（あなたに必要な対応 ↓ なぜ、そうなる？　いつ頃、改善する？　着地点はどこ？決定権は誰？　その確認をするか、確認できないなら、一度断るか、その人との関係を白紙にする）

《気をつけたい小さな兆候 5》

その人と接したあと、首をかしげたくなったり、なにかおかしいと感じたりして、胸がもやもやする。そして、「ちょっと、聞いてくれる？　これって、どう思う？」と、誰かに相談しないと落ち着かなくなる。

（あなたに必要な対応 ↓ もやもやな点のすべてを相手に問い正すか、「心配なので考え直す」と正直に言う。おかしなムードになっていることを相手にも理解させ、様子をみるため、距離を置くか、いったんその人とのやりとりをやめる）

《気をつけたい小さな兆候 6》

なにかが違うという、ぬぐいきれないいやな関係性を感じており、相手の心が感じられない。自分も「一体、何をしているのだろう？」とハタとおかしな状態に気づいている。

（あなたに必要な対応→「もう、いい」と、そこで身を引く態度に出るのも、あり）

こういった人に、やられてしまったあとには、必ず、〝あるもの〟があなたの中に残ります。それは、「そういえば！　あのとき」という、〝おかしな場面の回想〟です！

そのとき、そのことの中に、自分をよろしくない方向に連れていこうとしていることのすべてのサインが、あったのです。

では、なぜ、そのおかしなものに、人は気がつかなかったのでしょうか？

それは、「あわよくば」という、自分もなにかしら、その人を利用することで、「なにか得するかもしれない」という〝計算〟があったからかもしれません。つい、自分の中のエゴが顔を出したのかもしれません。あるいは、その人にそれでもついていくことで、たどり着きたい場面が自分にもあったからかもしれません。

この世の〝真理〟は、人は「心」で共鳴するということです！

それゆえ、のちのち、よろしくない人とつながらないようにするためには、計算やエゴやメリットのあるなしで人とつきあおうとしない心がけも必要なわけです。

もちろん、計算やエゴがないのに、悪い目にあわされてしまったという人もいます。そういう人は、性格が優しく、おひとよしで、人を拒めない、そういう性格に付け込まれたということでしょう。それなら、そういう自分の性格をよく知っておき、なにかを言われやすい、押しつけられやすいとわかっておき、「断ることを覚える」ことです。

どんなに、いい条件を持ってこられても、「おかしい」と感じるものには手を出さず、「いりませんよ、別に」と言えば、被害を受けずに済むのです。

そして、わかっておきたいことは、人の外見や何かを先入観でみたり、人が言っている言葉をうのみにするのではなく、その人が「やっていること」をよくみることです。口では何とでも言えるわけですからねぇ。でも、していることは、ごまかせません。

腐ったみかんは、早めに捨てる

あなたの良質な人間関係に、腐ったみかんを入れたままにしない

「悪縁」は、まわりにたくさんあるわけではなく、たいがいは、「この人だけは、なんとかしたい！」という、〝特定の一人〟であることが多いもの。

「なんだ、たった一人か。よかった」などと、思っていてはいけませんよ。

みかんが詰まった段ボールを思い起こしてください。カビの生えた〝腐ったみかん〟が、たったひとつあるだけで、やがて、まわりにもカビが飛び火し、次々腐り、全滅していくからです！

それゆえ、あなたの大切な人間関係や日常生活を守るためにも、その、たったひとつの腐ったみかんのようなやっかいな人を、自分の大切なテリトリーに入れていてはいけないのです。

たとえば、その一人以外にも、誰か悪者がいるとしたら、その「悪縁」に共鳴する精神レベルの低い人たち、ほんの二人、三人でしょう。誰も彼もがあなたに辛くあたるということはないもので、特定の「悪縁」と、それに共鳴する何人かが、あなたの天敵になるだけです。

それゆえ、腐ったみかんを箱から取り出してしまうのと同じで、その「一人」がいなくなれば、すぐに平穏な日々が訪れます。というのも、悪のボス的存在がいなくなると、共鳴していた悪者たちはもはや力を失い、そのテリトリーでは生きていけず、自らそこを去るしかないからです。

そもそも、「悪縁」を切り、「良縁」が訪れるようにしたいというとき、すべての人間関係を切ったり、大掃除したりする必要はありません。

ただ、あなたにとっての「悪縁」となる人をわかっておき、その人に、自分の人生から、出ていってもらえばいいだけなのです！

切るときの、賢いやり方とは⁉

いつでも〝良薬の効果〟は
ゆっくり、ソフトに現れると心得よ

本来、あなたの前には、あなたを幸せにする人間関係が、必要に応じて、タイミングよく、順番に、目の前に現れるようになっています。

しかし、「悪縁」が、「良縁」の訪れを邪魔しているわけです。それゆえ、あなたの仕事は、たったひとつの、その「悪縁」を切るだけでいいのです！

覚えておきたいことは、「悪縁を切る」ということと、「良縁につながる」ということとは、いつも、同時に起こる現象であり、即座に運気好転を叶えるものだということです！

さて、言葉で、「切る」というと、なにかとてつもない勇気を出して、自分が刀をふりかざして、すごいことをやらなくてはならない感じがするでしょうが、そうではありません。実際には、本書全体を通してお伝えする大切なことを試せば、勝手に〝切れていく〟ものであり、相手から自然に離れていき、縁がなくなります。

しかし！　**まず、ここでお伝えしておきたいことは、「悪縁」の相手は、あなたに切られるとき、「切られるんだ、私」と、わかるものだということです！**

なぜなら、たいがい、人を切ろうとするとき、あなたは、突然、電話に出なくなったり、着信拒否をしたり、メールに返事をしなくなったり、受信拒否をしたり、ＬＩＮＥをみなくなったりして、相手からの連絡を避けたり、接触から逃げたりして、急におかしな態度、冷たい態度をとるからです。

あるいは、「もう、やめてください!!」「警察に言いますよ!!」などと、直接、ものを投げてしまったりするからです。そんなことは、絶対にしないでください！

そんなことをすると、火に油を注ぐようなもので、さらに、「悪縁」の被害を引き寄せてしまうだけです。

「悪縁」は、無理に切ろうとすると、最後の抵抗と悪あがきをするからです！

そして、一時的にしつこくいやがらせをされたり、徹底的にやられたりします。この最後の悪あがきをさせないことが重要なのです！

それゆえ、あなたは、「切る」とき、賢くなくてはなりません。

たとえば、何かに誘われたとしても、うまい口実をつくって断るとか、電話やメールを拒否したいとしても、いきなりそうするのではなく、電話に出るのを三回に一回にするとか、メールの返事はするけど、短く、忙しそうな内容で送るとか。

そうやって、〝相手の神経を逆なでしない形〟で、ソフトにやるわけです。できれば、半年から1年くらい時間をかけて、徐々に。

決して、相手と同じ土俵にあがり、力まかせに何かをしたり、悪態をついたり、ひどいことをして、同レベルになってはいけません。

こちらが、一段上になり、そのエネルギー差によって、相手に静かに立ち去っていただくだけのことです！


はっきり言って、群れが違うわけです。群れが。

うさぎの群れにいるライオンには、「ここは、あなたのいる場所ではないよ」とわかっていただくしかないでしょう。しかし、ライオンを凶暴にさせてはいけないわけです。なぜって？　立ち去っていただく前に、食い殺されてはいけませんからねぇ～。

ゆるがぬ気持ちで進む

すべては、あなたの心ひとつにかかっている☆
運命のせいじゃない！

前項でお伝えしましたように、とにかく、あなたが相手を切ろうとしていることを、決して、みじんも、これっぽっちも、相手に感じさせてはいけません。そっと、そろりと、やる必要があるわけです。そう、おだやかに、平和に♪

その賢いやり方こそ、〝受け入れるふりをして、バッサリやる！〟というものです。

心の中で、「この人を、切る！　もう、絶対に関わらない！」と、しっかり決めておくことです。しかし、態度でそれをしてはいけません！

ここは、大事なところですよ！　とにかく、態度では〝受け入れているかのように〟しておくのです。

決して、心の中で「本当に、このいやな人と、縁が切れるのだろうか」「切れなかったら、どうしよう～」と、不安そうにしたり、疑ったりしないでください。

また、「……でもなぁ～、やはり、何かと関わらないといけないし……。この人とずっといることになるのも、しかたないかもぉ～」などと、気持ちがゆらいで、あなたの決心をブレさせないでください。そういうのは、よくありません。このあとにお伝えする行為が、しっかりやれなくなるからです。

しかも、決めたことは、叶います！　その通りになる力を持っています！　それが宇宙の法則だからです！

なにせ、「この人を、切る！」と、キッパリ決めていなかったから、いままでズルズルいやなことをされ続けてきたわけですからねぇ。

心の中で、先に、「切る」という覚悟さえしっかりできていれば、あとは、その意図の設定どおり、エネルギーが働き、関係を「切る」に向かって物事が動きだし、実際、その相手があなたのもとから消えていくのです！

消えるというとき、多くの場合、こちらが何も手をくださなければくださないほど、相手がどこか別の部署や地域に移動になるか、その人なりの理由で会社をやめるか、あなたがさらに良い場所に行くことになるかして、きっちり、良い形で離れることになります！

だから、何も心配いりません♪

戦わずして、勝利する♪

賢い女でいてください。
そのとき、ある魔法の言葉が役に立つ!

「悪縁」につながってしまったからといって、いつまでも、悪意のある、低次元な人のあり方を許しておく必要はありません。いちいちこちらが不幸になっている暇などありません!

そういった「悪縁」の人には、あなたの人生の領域から、静かに立ち去ってもらいましょう♪

というわけで、ここでは、ある瞬間、相手があなたから勝手に離れていき、いつの間にかスッキリ「悪縁」が切れる方法をお伝えします!

さて、まいりましょう♪

まず、〝切りたい相手〟にはあなたの敵意や腹立たしさや、悲しみや、「おのれ～、こんちくしょう～」というような、いやな感情や態度は、一切、見せないようにします。というか、できれば、そんなものを自分の中に持つのも無駄だというくらい、相手のことなど気にせず、余裕の気持ちを持っていてください。

そして、〝切りたい相手〟がご近所や職場や取引先や趣味の場など会う場面が多いというなら、ふつうに明るくあいさつをし、必要なやりとりだけはちゃんとします。仕事で関わる必要があるなら、すべき仕事はそつなくこなし、どんな場面でも、誠意を尽くすことをミッションとしてください。

というのも、**こちらの目的は、いやなその相手と戦うことではなく、〝自分と無縁になってほしい〟〝こちらのテリトリーから静かに立ち去ってほしい〟ということだからです！**

それゆえ、争うような言動は一切とらないでください。

また、その人から電話があったときには、ふつうに出てください。声も、ごくごくふつうにしてください。まちがっても、低い声で様子をうかがいながら弱々しい声を出したり、小さく震えた声で電話に出たりなど、しないでください。

もし、そんなムードをかもし出せば、相手はあなたにイラッとしやすく、あなたにいやなことを言いやすく、一瞬で餌食になってしまいます。ちょっとの時間で、ひどいことをするチャンスを与えてはいけません！

それとは真逆のことをしてください。そう、「この悪縁を切るため！」というキッパリとした、心的態度でいるためにも。

ふつうの声といわず、なんなら、相手が思わず受話器から耳を離すくらい、明るく大きな声で「もしもし♪」と、はつらつと、大きな声で、パワフルなムードを出してもいいでしょう。

決して、〝いまひとりでいて、心細い……そこへ怖い人から電話がかかってきて、ぶるぶる震えていますぅ、どうしよぉ～〟というような様子を、相手に感じさせないでくださいよ。

さっきも言いましたように、あなたのまわりに誰もいないとなると、相手があなたをやっつけやすいわけですからねぇ～。

誰か人と一緒にいるふりか、書類など何かしらの紙をぺらぺらめくる音でも出して、仕事中のふりをするか、忙しくしている、いまからどこかに出かける、というようなふりをしてください。

しかし、「こんにちは。今日は、どんなご用でしたか？」というように、用件だけは聞きましょう。まぁ、何を言うのかは、知りませんが。とにかく！　そのとき、どんないやなことを聞かされても、ひとこと、こう言ってください！

「なるほど」あるいは、「わかりました」と。

そして、相手が用件を伝え終えたなら、余計なことを言わせないためにも、ソフトにこう言って電話を切るといいでしょう。「あっ、もうこんな時間。ごめんなさい。

ちょっと出かけなきゃならないので、失礼いたします」と。その際、何か電話を切りやすくなる口実があれば、何でもどうぞ。

実際には、あなたは、仕事や用事など必要以外のことに関しては、相手の言葉など受け入れる気もないし、スルーしたいわけです。そのとき、「なるほど」とか、「わかりました」という言葉で、相手はあなたに言いたいことを伝えた気になれます。

それが用件にからませた相手からのいやみであっても。第一、何がわかったかは、こちらは明確に説明していません。何をわかろうと、こちらの勝手です。

しかも、この、「なるほど」は、魔法の言葉！

あなたの本音や心情を語らずして、なんとなく相手を受け入れているようなニュアンスにさせるもので、こちらにとっては、とても〝都合の良い対応ができる〟言葉だからです！　「悪縁」の相手を切りたいときだけでなく、日常的に多種多様に、いろんな場面で使えます♪　超便利なキーワード！

メールがきたら、それも無視せず、ちゃんと返事をしてください。ＬＩＮＥはすぐに見て、既読にしてください。「なるほど」でもいいし、可愛いスタンプを送るのでもいいでしょう。なんなら、「ありがとう」でもいいかもしれません。

ちなみに、以前私はなにかと悪縁の相手から頻繁《ひんぱん》にいやなメールがきていたとき、メールの最後にはいつでも、相手をねぎらう言葉とともに「ありがとう」と必ずつけ加えていました。その人から電話があったときには、電話を切る際にも！　すると、なぜか、あるときから、その人はいじわるしなくなり、関係が自然消滅しました。

この「ありがとう」は、なにか別次元のパワーがあるよう！

世の中の多くの人は、避けたい人に対して、なかなかこれができません。とにかく、一刻も早く！　と、切りたがり、電話やメールを無視するのです。しかし、それが、かえって、相手を逆上させ、しつこいやがらせをさせる原因になるのだとわかってください。

これは、人間の心理的な話です！ 人は無視されるほど辛いことはないのです。

覚えておきたいことは、人は無視されて、シュンとなる人や、落ち込む人、ショックを受ける人もいますが、怒る人もいるということです。

怒るのは傷つくからです。大きく怒る場合ほど、大きく傷ついたことの表れです。人は、悲しすぎても、傷つきすぎても、怒る生き物なのですよ。ときには、自分が何をしたか、その原因は都合よく脇へ置き、「傷つけられた！」と怒るわけです。

それは、悪者とて、同じこと。なんなら、悪者のほうが、そういうことに敏感かもしれません。そして、悪者は、この無視によって、〝辛いことをされた感〟を持ち、あなたにさらにいやなことか、なにかしらの仕返しをしたくなるものです。

ですから、あなたに辛いことをしてくる人にも、無視は禁物！

そして！ これからお伝えする方法が、さらに効果的！

それは、私が試して実際に成功した方法です。次の項でお伝えしましょう！

受け入れながら、離れる

ある意味、これは、〝荒療治〟☆
それを、淡々とやることが成功の素

「悪縁」を、切るときは、こじらせてはいけません。というのも、やり方がまずいと、いったん切れたとみせかけて、不意打ちで、さらに悪い形になって、その相手が再び時間をおいて戻って来ることがあるからです。

本来、ふつうの人間関係では〝どちらか一方が関わるのをやめると、その関係性は終わる〟ものです。が、「悪縁」はこちらが関わるのをやめようとすると、つまり〝縁を切ろうとする〟と、悪あがきをするのが特徴です。

それゆえ、そんな「悪縁」の相手を去らせる宇宙の絶対法則として、〝綺麗なエネルギーで、静かに去らせる♪〟ことが大切なのです！

とにかく、尾をひかせるのはＮＧです！　これからのまっさらな自分の人生を、再

び汚されないようにするためにも！

ちなみに、「悪縁」になる人との関係について、「それは、前世の因縁だから、しかたない」というようなことを言う人もいますが、そうではありません。

そもそも、前世にいやな因縁があったとしても、今世で、その因縁が発生するようなことさえしなければ、「悪縁」や、「悪いカルマ」は、出現しません。

その「悪縁」や「悪いカルマ」は、たいがいは、〝ネガティブな感情のやりとり〟が原因になるので、そういったものがあなたと誰かの間になければいいわけです！　自ら、つくらないようにするといいわけです。

さて、そのための、とっておきの方法とは、ズバリ！　〝電話やメールや接触は恐れず、なんならこちらからも〟というものです。これをできる人は、本当に寛大！　太っ腹！　おほめしましょう♪

やり方は、こうです！

たとえば、「悪縁」の相手に、いやなことをされているとき、向こうから何かメールがきたとします。その際、すぐに、お返事をします。

そして、時間の経過のないうちに、続けて、こちらから、「この間、感動した映画があったので、お伝えしますね」とか、「この前、あなたがいてくれて、助かりました。ありがとう」とか、「あなたの探していた本、見つけました。○○というタイトルです。良さそうな本ですね」とか、まぁ、何でもいいわけですが、とにかく！　相手を思いやったり、ねぎらったりする言葉や、たわいもないことだけれど、相手にとって得する情報などを伝えるのです。

そして、極めつけは、「今度一緒に、ごはんしませんか？」です！

まるで、その相手にいやなことなどされていないかのように、ふつうに。

すると、おもしろいもので、そもそも相手はこちらが嫌いで、いやなことをしてきていたわけですので、食事の誘いは、たいがい断ってきます。

反対に、こちらが、明るくどんどん連絡していくと、こちらを不気味に思うのか、なぜか、あるとき突然、自分からよそよそしくし始め、いつの間にか離れていきます。

まぁ、そもそも、人は、自分が「この人、キライ！」と思っている人から、連絡がくると、「わぁ～、運が悪くなりそう～！」と感じ、避けたいという心理が働くからでしょうか。私の場合は、この方法が、功を奏したわけです。

実は、あるとき、私は、たった一度だけ仕事でからんだ相手に、公私にわたって、いやがらせをされていたことがありました。

なにかと足をひっぱられたり、仕事をおじゃんにされたり、大切な人との仲を裂かれ、おまけに、あることないこと、あちこちでいいふらされていたのです。

そのとき、怒りと悲しみを覚えたのはもちろん、「この人と関わると、大切なものがすべて壊される！」という強烈な恐怖を感じました。

そして、〝関わってはいけない！〟と思うあまり、つい、無視するようになってしまったのです。そのときは、それしか方法がないと思い……。

しかし、これが、逆効果でした。

その方は、よけいに、いやがらせをエスカレートさせたのです！

その、理不尽な仕打ちにもう、こちらの怒りはピークでした。が、だからといって、何かしら反撃に出たら、もっとやっかいなことになるというのは、感じていました。

ならば、いっそ徹底的にこの人と向き合い、誠実に対峙《たいじ》してはどうかという思いに至ったのです。

そして、**無視するのをやめ、善なる方向で対峙すべく、その方を〝受け入れている〟という態度で、こちらから、さらに優しい態度に出て電話やメールも恐れず対応していったのです。**

その際、初めの一回目のメールで、ひとことだけ、「いま、悩んでいることがあり、とても精神的に辛い状態にあったので、なかなかいい対応ができずに、ごめんなさいね」と添えました（まぁ、もちろん、その悩みこそ、その方のことなわけですが）。

また、その方が得する情報や、感謝の言葉、ねぎらいや、毎回「ありがとう」と書き添えたのです。

そして、あるとき、「ちょっとご相談にのっていただきたいことがあり、少しだけお時間いただけるとありがたいのですが、ご都合いかがでしょうか?」とか、「今度、一緒にお食事しませんか? 素敵なお店があるので、ご招待したいのです。食べ物は何が好きですか? どんなムードのお店が好きか教えてくださったら、セッティングします」などと、まるで、その方を慕っているかのごとく、接してみたのです。

すると、奇妙なもので、そうしてみると、なんだか半分、いやな気持が自分の中から消えていて、〝この人とも、ふつうに接することができるかも〟という気持ちにさえ、なったものです。

そのとき、きっと、私の中では、すでに、何かがふっきれ、その瞬間、私と彼女の間にあるいや〜なエネルギーが、消えかけていたのかもしれません。

そんな、ある日、なんと! その方のほうから、「最近、忙しいので、時間をとれません」「もう、電話もメールもできないかもしれません。ごめんなさい」とメールがきて、それっきり、ぷっつり、その方は、私の前から消えたのです!

そう！　その人は、自ら、去っていったのです！　それ以来、まったく無関係になりました！

おもしろいもので、相手は、嫌いな人をやっつけたくて、困らせたくて、その苦しんでいる顔や様子を見て楽しみたくて、こちらに何か悪いことを仕掛けてくるわけですが、そのこちらが、ニコニコ笑って明るくふるまい、積極的に連絡をし始めると、「えっ？　なんで寄ってくるわけ？　いじめているのに、気持ち悪いわねぇ～、この人」となり、離れていくのです。

それをできる人が賢い人であり、「悪縁」にやられない人なのかもしれません。

とはいうものの、被害の程度にもよりますね。たとえば、世間的に影響することや、法的対応が必要な大きな被害が及んでいることや、身に危険がせまっているようなことや、絶対に誰かに助けを求めなくてはどうにもならないという場合には、このケースでは対応できないこともあるでしょう。

そういった場合は、家族や信頼できる人、弁護士や警察など、然るべき人に相談したり、必要な避難をするなどして、それなりの対応をとることも大切です。

それにしても、不思議なのは、完全に「悪縁」が切れ、悪い人が自分の人生の領域からいなくなると、それだけで心が大きく安堵し、みるみる体にもエネルギーが戻ってくるということです！

また、それだけでなく、大事なときに限って出てきていた障害や、頭を抱えていたような妙な問題や、理解できない人間関係のこじれや、おかしな事件や、理不尽なことが、すっかりなくなるから、すごいものです！

裏をかえせば、それらはすべて「やっぱり、あの人のせいだったんだ」「あの人がいたときにしか、こんな変なことは起こらなかったわ！」ということばかりだったということです。

そして、「悪縁」がなくなったとたん、すぐさま、人間関係が良質になり、スムーズに流れ、新たな多くの「良縁」まで訪れ、いい人たちが、たくさんやってくるものです！

日常茶飯事な、やっかいな人々

困った人たちのせいで、素敵なプランも台無し！　人材変更せよ

一見、「悪縁」ではなさそうで、どちらかというと、「良縁」にも思えるような人で、けれども、関わってしまったことでなにかと悩まされ、やっかいなことになる人たちというのは、この日常にかなりいるものです。

しかも、相手からではなく、こちらから、その人とかかわりたいと積極的になったことで、後悔しなくてはならないことになることもあるものです。

ある旅館のおかみは、夫の他界後、娘と母親と、少ないけれど素敵なスタッフとともに、旅館を営んでいました。家族経営とはいえ儲かっており、おかみさんは、そこ

そこ、裕福な生活をしていました。

そのうえ、とても美人で、優しく、何かとタウン情報誌にも掲載され、地元の成功者としても認められ、おかみさんのファンも、ご近所に多くいました。


ある日、おかみさんは、もっとお客様を増やしたいと、友人たちとお茶をしているときに、何気なくそのことを話したのです。

すると、友人のひとりに、「私の知人で、文章を書くのがうまい子がいるから、その子に、ホームページの表現や、新聞チラシなどの広告の原稿を書いてもらえば？それに、その子は、SNSにも強く、なにかと人集めをしてくれるはず！」

と言われたのです。

それを聞いたおかみさんは「ぜひ、その人にお願いしてみたいわ！」と。


さっそく会うと、その人は、すぐに、美しくリッチで成功しているおかみさんのファンに。

そして、おかみさんは、その人に、旅館の宣伝文句や、SNSでの旅館の紹介などを依頼したのです。それは、〝友人価格〟ということで、プロに依頼するより、安価でやってもらえるものでした。

おかみさんは、「いい人に、安くお願いできて、よかった♪」と思っていました。

そして、ほんの少し、反響があり、2、3件の予約が入ったのです。

一応、お礼を言っておこうと、おかみさんは、「あなたのおかげで、たくさんお客様が来てくださり、助かりました、ありがとう」と、少しオーバーに感謝したのです。

そのことをきっかけに、その人は、自信をつけたのか、おかみさんに「もっとこうしたほうがいい」「ああしたほうがいい」「それを、自分も手伝うから、私にやらせてほしい！」と、どんどん積極的に旅館にかかわってきたのです。

当初、おかみさんは、そこまで、お願いするつもりはありませんでした。が、なにせ、友人の友だちだからと、拒否することもできず。なにかと慕ってくるし、悪い気はしないしと。それゆえ、会うたびにそれなりのお金を渡していたのです。

すると、それに味をしめたのか、その人は、勝手にいろんな場面で、おかみさんの許可なく、何かをしては、原稿料だのアドバイス料だのプロデュース料だのと、要求がエスカレートしてきたのです。

おかみさんは、「この人は、要注意だ」と感じ、あるとき、「勝手なことしないでください！　迷惑です」と、つき離して、その人との関わりを終えようとしたのです。

すると、それが気に入らなかったのか、今度は、ＳＮＳで旅館の悪口を書きはじめ、おかみさんの友人のＬＩＮＥグループに悪口を書いて送るようになり、おかみさんとまわりの人がもめるような、あることないことつくり話をひろげたのです。そして、「私は、あのおかみさんに汚いことをされて、ただ働きさせられた！」と。そのことのせいで、その人を紹介してくれた友人とも険悪な関係になり、おかみさんはうつ状態にもなってしまったのです。

自分から、「紹介してほしい♪」と、積極的に会いにいった人に、こんなふうにされるとは思いませんでした。その人は素人だったのに、なぜ自分の大切な旅館のことを安易にまかせてしまったのか、後悔しかありませんでした。

また、あるカフェ経営者の方は、新たにカフェをオープンすることになり、そのHPを製作しようとしていました。業者に見積もりしてみるとかなりの金額で、できれば、オープン前にそんなに多額なお金を使いたくないと思っていました。そして、どうしようか、どこに依頼しようかと、悩んでいたところ、知人に、こう言われたのです。

「フェイスブックとか、ツイッターで、HPを格安で作ってくれる人いませんか～。募集しています！　と書き込むと、業者に頼むより、安くやってくれる人が現われるから、やってみたら？」と。

「それならば」と、実際にSNSで告知してみたのです。

すると、すぐに、一人の方から連絡が。現れたその女性は、知人ともつながりのある人で、パソコンは得意なのだと。

そして、「見積もりした業者より安い金額でHPをつくってあげる」と言ってきました。そして、それは25万円の前払いで、お金が振り込まれたら、すぐに着手する」と。

それゆえ、その方を信じて、すぐにお金を振り込んだのです。

しかし、オープン予定の数日前だというのに、連絡がこず、心配して連絡してみると、「子どものことで、バタバタしていた」と言い、なんと、ＨＰの制作をほったらかしていたのです。

とにかく、もうオープンなのに、なにも前に進めない状態にされ、これにはちょっとムッとなり、「できるだけ早く作ってください!!　もう、オープンなのですから！」と言ってみました。

しかし、「わかりました」と言いつつも、それからはずっと、メールしても返事がなく、電話にも出ず、不誠実な対応のまま、1年という月日が経ってしまったのです。

そして、堪忍袋の緒が切れて、怒鳴り込むと、まだ「1年、待って」と言い出すしまつ。

「できないなら、なぜ、引き受けたの!?」と言うと、「あら、あなたが依頼してきたのよ。私は最初から、子どももいると伝えたはずです！」と、お金を受け取りながらも動かずにいることを正当化してきたのです。

覚えておきたいことは、お金ではなく、大切な時間と人生の重要な計画を奪われるほうが、損害大だということです。早いところで見切りをつけて、プロに依頼し、さっさと自分のすべきことに向かったほうがよかったのかもしれません。

実際、そうです。お金をどこかでちょっとケチったがために、思わぬ人に、何かを狂わされ、迷惑をかけられ、時間をロスされ、精神的にも、経済的にも、人生計画的にも、夢を壊されることはあるものです。

このエピソードの二人は、実は、その人たちと会ったとき、あるサインを感じ取っていました。

おかみさんの場合は「なんか、この人、ガツガツしていて、おっかない」と、カフェのオーナーさんは、「なんだかこの女性、暗くて、陰気そう。生活に困っていそうな感じがにじみ出ているなぁ〜。ちゃんと仕事してくれるのかなぁ〜。大丈夫かなぁ」と不安な感じが。

しかし、二人とも、そんなサインや直感的に感じた「危うさ」を無視して、その人にのっかったのです。ちょっとお金を惜しんで、「まぁ、いいか」と。

しかし、本当に自分が大切にしている場面に、「まぁ、いいか」という妥協や、「お金を惜しむ」というケチくささで、人を採用すべきではなかったのです。

「もう、頼んでしまったから、断れない」ということはなく、不本意ならば、こちらが取り下げることは、いくらでもできるのです。こちらが依頼者ならば！

しかも、途中経過で、その最初に感じた「危うさ」が、どんどんはっきりしていたなら、そこで、早めに見切りをつけるべきだったのです！

たとえ、すでに、何らかのお金を使ってしまって損になったとしても、それは勉強代とでも、受けとめて。そこから、それ以上の損害を出さないようにするためにも！

そして、すぐに、他の価値ある然るべき人に依頼し直すべきだったのです。

人材変更し、エネルギー変更し、運気変更し、人生の場面をきれいに変更すべきだったのです！

Chapter 3

みるみる人間関係がよくなる☆光の法則

あなたの放つ「オーラ」の光で、
惹き寄せる人が、ガラッと変わる

なぜいつも、いい人がやられるのか？

何も悪いことをしていないのになぜ？
答えはあなたのオーラにあった！

ときに、この人生には「理不尽」とも思えることが、起こるものです。

そして、その「理不尽」な出来事は、本意・不本意に関係なく、自分がなんらかの理由で〝関わった人〟か、あるいは、〝関わってもいないのに、突然、こちらを一方的に標的にしてきた人〟によって、もたらされます。

この世の中には、本当にいろんな人がいるもので、善意で生きている人だけでなく、悪意に満ちた人もいるというのが現実です。

たとえば、こちらに好意的な人、より良くサポートしてくれる人、がんばっているからこそ認め、引き上げてくれる人もいれば、反対に、悪意を持って近づいてくる人、なにかと邪魔ばかりしてくる人、人の足を引っ張ることしか考えていない人、まわりに誹謗中傷をまきちらし、あることないことをひろめて、その人を社会的に抹殺したいなどと考えているようなひどい人も、いるということです。

前者のような、**善意のある人たちと「良縁」でつながっていられたなら、あなたの人生は、より良いものになり、心満たされ、幸せな毎日が約束されます！**

しかし、もし、後者のような悪意のある人たちと「悪縁」でつながってしまい（もっとも、こちらとしては、つながりたくはないのですが、勝手にやってくる）、標的にされてしまっては、ストレスになり、うまくいく人生もうまくいかず、心乱され、いや～な毎日にされてしまうだけでなく、人生の大切なものが、ことごとく壊されてしまいます。

そのとき、それは、「理不尽」な形で行われることが多いわけです！　こちらにとっては、そうされなくてはならない〝まっとうな理由〟など、ない形で。

そもそも悪意がある人たちは、同じ悪者には興味がありません。それゆえ、標的にはしません。どちらかというと、自分たちとはまったく違うという〝鼻につく奴〟をやっつけることが生き甲斐なわけです。

そういう、おかしな生き甲斐をみつけては、善人をやっつけている悪人は、善人が気落ちしたときに落としたエネルギーや、どっと疲れて放ったエネルギーをパクパク食べて、生き延びるわけです。

なぜ、そんなことをするのかというと、悪意のある人たちは、もはや、自分の生き甲斐になるような良いものなど自分には何もなく、うまくいっていない人生にいることが多く、自分の努力では内側から良いエネルギーを生み出せなくなっているからです！

そんな、うまくいっていない自分の人生をなんとか生き延びるためには、他人からエネルギーを奪うしかないわけです。

そのとき、悪人にとっては、落ちぶれているようにみえる人や哀れなムードが漂う人やごくふつうの人よりも、おいしいエネルギーを持っているいい人や、たっぷりのエネルギーを持っている善人や、良質のエネルギーを持つうまくいっている人のパワフルなエネルギーのほうが、むさぼり甲斐があるということです！

まぁ、なんとも、愚かしい生き方ですが、そういう人は、哀しいかな、そういう生き方しかしないわけです。

ヒーローのそばには、悪者がつきもの⁉

エネルギーバンパイアは、
あなたの生命力を吸い尽くすことが快感

テレビの戦隊ヒーロー物語を見てもわかるように、戦うのはいつも、ヒーローと悪者です。悪者同士は手を組むことに必死ですから、互いに争うことはまずありません。

そんな、よろしくない人たちにやられてしまう人は、まさに物語のヒーローのような人で、たいがい、明るく、優しく、誰にでも親切で、ポジティブで、努力家で、正義感を持ってことにあたる〝愛と光〟にあふれた善意で生きている人！

それゆえ、彼らはとても思い悩むわけです。「なぜ、何も悪いことをしていないのに、こんなことをされなくてはならないのか！」と。

しかし、**その答えは、まさに、あなたがそういう、正しい人であり、明るい光をまわりに投げかけている人だからなのです！**

いいですか！　よく聞いてくださいよ。明るい人は、まぶしいです！　オーラが光って、キラキラしています！　良い人は、目立ちます！　謙虚にしていても、認められます！　褒められるような人は、注目を集めます！　引き上げられる人は、勝手に他人と差がついてしまいます！　だからですよ、ということなのです。

そういう善人に対して、悪人は、「目障りだ！」「おもしろくない！」「傷つけたい！」「泣かしたい！」「やっつけたい！」「落としたい」「壊したい！」などと、なにかと嫉妬し、ひがみ、ねたみ、恨み、執着してくるのです。

つまり、**はっきりいって、悪者は、そういう〝まぶしい人〟が邪魔なわけです！**

なにせ、暗いものを指向《しこう》して、生きているわけですからねぇ。

では、いったいどうしたら、そんな悪意をもって近づいてくる人を避け、縁を切ることができるのでしょうか？　続きは次の項で。そこには、人間関係を根底から見直すことになる〝宇宙の摂理〟があります！

人間関係は、〝光の法則〟で出来ている！

この真実を知ったなら、誰もが「取るべき態度」がわかる！

「いい人」が、やられる理由は、「いい人」たちは、たいがい、明るく優しく、親切か、おとなしい人であることが多く、いやなことをされても言い返せず、「自分ががまんすればいい」としてしまう人です。

あるいは、「いい人」と呼ばれる人の多くは、人に好かれているか、人より抜きん出たなにかしらの能力を持っており、目立ってしまうからです！

また、「うまくいっている人」は、最も標的にされやすいものです！　というのも、そこには、悪い奴にとっての「壊し甲斐がある」という、〝ゆがんだ生き甲斐〟があるからです。

前項でも、お伝えしましたように、そういう、「いい人」「うまくいっている人」は、まぶしいです！　オーラが光って、キラキラしています！

黙っていても、その人間的魅力はまわりに伝わり、自然と多くの人が寄ってくるので、目立ちます！　謙虚にしていても、勝手にまわりに認められます！

そうして、どこにいようが、人々が褒め称えますし、それゆえ、人気と注目を集めます！

すると、なにかしらの立場や力のある人たちも、「この人は！」と目をかけ、声をかけ、上に引き上げますから、勝手に他人との差もどんどんついてしまいます！

そういう「いい人」「うまくいっている人」を、「悪者」がやっつけにくるのは、そこに、「光」があるからなのです！

つまり、人間関係は、「光の法則」で出来ているからです！

いいですか！　「光」があるところ、明るいところには、希望が見えるので、いろんな人たちが、良い運命を予感し、たくさん、たくさん、集まってきます！

そのとき、良い人たちもたくさん集まってきますが、悪いことを企む奴も寄ってきてしまうということです！　こちらにとっては、不本意ですが。

あれですよ、ほら、夜のコンビニの外灯の下と同じ。そう、暗闇の中で、ポツンとひとつ明るく光を放つ存在があれば、そこをめがけて人が集まってきやすいわけです。そのとき、人だけでなく、害虫も寄ってきてしまうのと、同じです。

まわりが暗い中で、自分だけちょっと明るい存在だと、なにかと目立つわけです。

みつかりたくなくても、みつかってしまうわけです。ある意味、中途半端に目立つから、害虫が寄ってくるということです。

そして、ここでひとつわかっておきたいことは、「いい人」「うまくいっている人」のところに、良い人たちが集まってくる理由は、まさに、共鳴・共感の同質波動の現象のなせるわざで、同じように明るい人、いい人、うまくいっている人たちが来るということです！

一方、まわりが暗い中で、明るい自分のところに寄ってくる悪い人は、反発と抵抗しかない非共鳴・異質波動の人です！

前者は、「〝光〟を世の中に拡大するため」に集まってきており、後者は、その「〝光を目障り〟として、光を消すため」に寄ってくるということです！

そもそも、悪い奴は、いろんな意味で、〝暗い世界＝闇の中〟で活動します。なにかと暗い悪い考えを持っており、感情レベルが未熟で、波動が低く、ひねくれていて、考えていることが、いつでも、人を邪魔することや、けおとすこと、くらいです。なにかよろこぶことがあるとすれば、「いい人」「うまくいっている人」をやっつけたときに「いい気味だ」「おもしろい」と笑うくらいです。

そして、そんな低次元のゆがんだよろこびを得ることだけに必死になって、かろうじて自分を保とうとしているわけです。

そういう人は、とにかく、明るく「まぶしい存在」が、いやなのです！　邪魔なのです！　消えてほしいのです！　それしか、ないのです。

なぜって、そんなキラキラまぶしい人を見るのは、自分の胸が痛み、辛いからです。その辛さは、何も良いことがない自分にとっては、無言で不幸を思い知らされるものでもあるからです。

そうして、嫉妬《しっと》やねたみやうらみという間違った感情を増幅させては、相手を攻撃することでしか、生き甲斐を感じられない人になってしまうのです。

そんな「悪い人」たちは、わかっていません。何を？

それは、「うらやましいと感じ、いいなぁと思うことは、望むなら、自分にも叶えられる♪」ということを、です！

「他人をやっつけなくても、すべての良きものは、自分にも可能で、自分自身の中にも無限の可能性があり、いくらでも望む状態や幸せな人生を叶えられる！」ということとを、です！

「キラキラまぶしい人たちのように、自分も、光り輝くスターのような存在になれる！」ということを、です！

それを知らないがために、それを持っている人を、壊すことでしか、生きられないのです。

そうだったんだ……悪者は、それを知らなかったのね、可哀想に……などと、悪者に同情している暇はありません。

もし、あなたが、〝やられている側〟にいるのなら、そういう人にやられて泣き寝入りしたり、やられてもしかたないなどと納得したりしていては、自分の人生が台無しになります。

それゆえ、ただちに！　「悪い人」には、「悪いこと」をやめていただく必要があります。そのとき、あなたがすべきことはただひとつ！

もっと、光ることです！　まわりの暗い状態など、かき消してしまえるくらいに！

もっと、光りなさい！

より高次レベルの人とつきあい、低次元な人を二度と寄せ付けない！

いやな人と無縁の世界に住み、良縁に恵まれ、心おだやかに、幸せな日常を叶えたいなら、自分を引き上げることです。

そのために、すべきことは、「もっと、光ること」です！

そう、明るい気分をたずさえ、魂を磨き、心を高め、夢や希望や高い志に向かい、自分自身をより良く生かすことならなんでもして、うれしく、楽しく、わくわく、幸せでいよう♪と、そういう生き方をすることによって！

自分のまわりの世界がどんなに暗くても（自分のまわりに、どんなに暗い、ネガティブな、悪い奴がいたとしても）、そんなことを気にせず、遠慮なく、どんどん自分らしく、光ってください！　とにかく、めいっぱい！

まわりの暗さなどおかまいなしに、あなたがより光る存在になるとき、住む世界はガラッと一変し、「明るい人生」に入っていけます！

夜、帰宅して暗い部屋に電気をつけることにたとえるとわかりやすいでしょう。

たとえば、あなたが、マメ電球だとします。そのとき、マメ電球くらいの明るさだと、まだ、まわりの暗さのほうが優勢で、そこにあるのは暗い世界のままです。マメ電球くらいの光を放ったところで、まったく闇は消えてはくれません。

しかし、あなたが、〝メイン照明〟であったら、どうでしょうか！　パチッとスイッチを入れるだけで、たちまち部屋は明るくなり、さっきまであった暗い闇の世界は、すっかり消えてしまいます！

それゆえ、もっと光ることで、暗い世界から、抜け出てほしいわけです！

太陽のような人☆その、素晴らしい効用

見上げられる存在♪そして、慈愛のパワーで人と世界に貢献している

そもそも、「悪者」は闇の世界に住んでおり、光あふれる明るい世界が苦手で、その苦手なものが威力を増したら、たじたじになり、自ら退散するしかなくなります。

それゆえ、そんな悪者を退治するとき、あなたが直接、相手を「切る」のではなく、相手から自発的に離れていくようにするだけでいいのです♪

そう、あなたの「光」の力を発揮することです！

あなたが、いまより、もっと光る存在になるとき、人間関係の「光の法則」もさらに強烈に働き、悪縁といわず、なんなら、不幸も、前世のカルマも、すべて、はじき

飛ばしてしまい、あなたのすべてをすくい上げます！

そのための、最良、最高、最勝のあり方こそ、〝太陽のような人〟でいることです！

光のパワーがより高まると、あなたの住む世界もより引き上げられ、まわりにいる人の質や、起こる出来事なども、より良いものになります！

さて、そもそも、太陽は、暗いものや闇など、何とも思っていません。ただ、すべてを照らし、まばゆい世界にするだけです！

また、太陽は、誰かに照らしてもらおうとも思っていないし、誰が自分を照らしてくれずとも、自らいつも明るい存在でいて、それをミッションとしています。そして、その自分の光を惜しみなくまわりにふりまき、あらゆるものを甦《よみがえ》らせます！

しかも、太陽は、なくてはならない存在で、それなのに、人がその存在価値の大切さを忘れていても、なにも哀しみませんし、ただ、自分がまわりを照らすというミッションを遂行するだけです。

しかも、しかも！　太陽の光は至上最強であり、誰もその光を直視できる人はいません。また、太陽そのものに近づこうとする人も、それをいじろうとする人も、いません。高い熱量があるからです！

それゆえ、誰も、何も、太陽の邪魔をすることも、壊すこともできないのです！

この太陽のように、悪者がそばをちょろちょろうろつけないほど、あなたが強烈に光り輝くまぶしすぎる存在になれば、その光の迫力で、悪者との「悪縁」が、勝手に「切れる」わけです！

それもそのはず、あなたがより光る存在になるということは、さらに高い次元にシフトするということであり、もはや、悪者とは、住む世界（生きる次元＝存在するエネルギーレベル）がまったく違うからです！

そして、あなたは、自分が何も手をくださずとも、無傷で、美しく光りながら、圧倒的勝利をおさめるのです！

そのとき、自動的に、完全に、「悪縁」とは、まったく「無縁」になります♪

しかも、そのうえ！　場合によっては、その悪者は、その圧倒的な光のパワーに感動すら覚え、突然、何かに目覚め、心を入れ替え、明るい生き方を始めるかもしれないのです。

というのも、それほど、光というのは、まばゆい、強烈な、善なる影響力を持っているからです！

そして、そもそも人間は「悪い人」と「良い人」の2種類にわかれているのではなく、どちらかの面がより強く出てしまっているだけのことです。

本来、誰もが〝光の存在〟であるからこそ、光によっていつか必ず目覚める瞬間がくるものです！

やられているときほど、しておきたいこと

人間関係を癒すためにあなたの心を癒す、ヒーリングミッション

どんな状態であれ、もし、あなたが誰か特定の人や、いやな人間関係に悩み、辛い思いをしているというのなら、自分を癒し、エネルギーチャージできることに、惜しみなく時間を使ってください。

たとえば、アロマを焚く、ヒーリングサロンに行く、カウンセラーを訪ねる、心の救いになる良い本を読んだり、感動的な映画を観たり、ほっとできる温泉に行くなど。

しかし、**人間関係の痛みや苦しみを最も癒してくれるものは、なんといっても「いい人間関係」です！　少し心が癒されたなら、今度は、「この人なら♪」と思える、いい人たちと、どんどんつながっていくことです！**

そう、一緒にいて気分が明るくなれる人、話をするだけで元気になれる人、会うだけで本来の自分に戻れる人、接するだけでポジティブなエネルギーに満たされる人に、どんどん会いに行くのです。そして、良質で、豊かな時間を共有するのです♪

そうすれば、あなたは、おかしな人間関係に巻き込まれ、落ちている暇はなくなりますし、みごとに自分を取り囲む人間関係の世界が変わり、救われます！

精神レベルの高い人、波動の高い人たちと一緒にいると、あなたはなにかと〝本当のこと〟がわかるようにもなります。真理を学ぶからです！

そして、瞬時に、本来の自分の目線に戻れますし、ちっぽけな人のことでくよくよ悩んでいるのがバカらしいとさえ、思えるようになります。

また、何事も、より高い意識で対処したいという気持ちにもなり、怖いものがなくなってきます。

それは、あなたの心が、波動が、良質の人たちとつきあうことによって、自然に清められ、高められ、パワーアップしたからです！

ちなみに、何かしら人間関係の問題に悩んでいるのは、自分も相手と同じくらいのレベルにいて、低い次元のまま対処しようとするものです。

しかし、**覚えておきたいことは、問題を解決するには、その問題自体よりも、高い意識に自分を引き上げないといけないということです！**

それまでの自分より、高い意識で物事に対処するとき、もはや、問題は問題ではなくなり、うまい解決法を見出し、そこからすっかり解放されるものです。

そして、いつでも人は人によって磨かれ、成長するもの！　自分のそばにいてくれる素晴らしい人たちのおかげで、決して一人ではないという安心感と自信を得るとき、誰が何をしかけてきても、でんとした態度で、立ち向かえる人になり、かえって、相手に何もおかしなことをさせないものです。

そうやって、あなたの心も体も、運気も、人生も、守られるのです！

Chapter 4

幸せな奇跡が起こる☆
波動の法則

まわりが「いい人」だらけになる！
なにかと「願い」が叶いだす♪

7日間のお清め作戦で、いやな人が去っていく

これで効き目バッチリ！
浄化風呂でやるシンプルアクション♪

あなたのまわりに、なにかといやなことを言ったり、したりする人がいるとき、ここでお伝えする「7日間のお清め作戦」をお試しください。

これ、効果絶大です！
あなたの肌から邪気がなくなり、オーラが光り、高い周波数が放たれるので、あなたに悪意を持った人が、近寄れなくなるのです！

その「7日間のお清め作戦」は、自宅の風呂場でやります！

まず、ふつうにバスタブにお湯をはり、その中に、日本酒200㏄と、粗塩を片手にむんずとつかんだくらい、どっさり入れます。

そして、体を洗う前に、このお湯につかります。つかるとき、肩までしっかりつかり、できれば首の付け根の骨のあたりまでつかるといいでしょう。

10～15分ほどつかったら、お湯から出て、体や髪をふつうに洗い、シャワーで泡を流します。その際、絶対に、このバスタブのお湯で、泡を流さないでください。そして、もうこのバスタブには入らず、お湯は流してください。

この方法、私の著書『ほとんど翌日、願いが叶う！　シフトの法則』でもお伝えしましたが、試した人たちから、その効果的な出来事の報告をたくさんいただきました！　まあ、そもそも私自身、その効果を実感したから、本に書いたわけですが。

とにかく、これをやると、とても気持ちよく、心身がスッキリ、気分がシャキッとし、3日くらいで、運がよくなったのを実感できます！

7日間、間をあけずに続けて連日これをやると、さらに効果的！　あなたの肉体とエネルギー体にあった邪気やネガティブなエネルギーの残骸が一掃され、波動が上がり、なぜかいやな人が近寄ってこなくなり、いやな出来事もなくなります。

さて、いつでも、邪気やネガティブなエネルギーを自分の外に出すときや、厄落としをするときは、水の力を用います。

その際、邪気やネガティブなエネルギーは、あなたの体の毛穴を通って、出ていきますから、すっかり出ていくと、肌が光っているかのようにみえます。

そして、そのあなたの肌から放たれる、エネルギーの光である高波動が、あなたによろしくない思いで近寄り、何かいやなことを言おうとする人を、はじき返すのです！

天が、人間関係を一新する方法

この「完全浄化」が起こるとき、もはや、あなたは何もしなくていい

ここでは、もはや完全に「悪縁」そのものがあなたの人生からなくなる！　そんな素晴らしい方法をお伝えしましょう。

その、魅力的かつ強力な方法は、「自分」「空間」「時間」という3つの領域を、「完全浄化」するというものです！

まず、ひとつめの、「自分」の「浄化」のやり方は、あなた自身を内面から、徹底的にピュアに、清めていきます。

この、自分自身の浄化の肝心点を、密教では「身《しん》・口《くう》・意《い》」としています。「身」とは、自分の体を清潔にするのはもちろんのこと、清潔感あふれる服装をすることでもあります。また、自分のふるまいや行為を正すことです。

「口」とは、口にする言葉を良いものにし、人と心の通った会話をすることをいいます。また、栄養バランスのとれた良い食事をするということでもあります。

「意」とは、良い思いを抱いて生きるということです。肯定的で、建設的で、創造的でいて、願いや夢や目標や良い目的を持つということでもあります。意図をもって生きるということです。

そんなふうな自分で生きていると、自分自身から、悪いものを発することもなくなり、自ら悪いものを引きつけることもなく、高い価値観に沿って生きられるので、みるみるすべてが良くなってくるということです。

また、**神道の祝詞《のりと》や、密教の不動経の中には、「六根清浄」という言葉があり、「六根清浄」こそ、すべての物事の発生に関わる重要なものとしています。**

その「六根」とは、あなたの人体にある6つの感覚器官、すなわち、「眼、耳、鼻、口、身、心」のことで、そこを清浄にしておくことが大切だと説かれているわけです。

たとえば、いやなものを見たとしても、いやなことを聞いたとしても、いやな臭いを嗅いだとしても、この身にいやなものが触れたとしても、それだからといって、心を不浄にするのではなく、清らかであるように！ と。

また、耳にするものは、良い音、良い言葉、良い話にし、たとえ、いやな音、汚い言葉や悪い言葉、いやな話を聞いても、自分はそれに染まらないようにし、また、自分からそういうものを発しないようにするということです。

そうやって、「六根」を浄化していくと、完全に自己がクリーンな状態になり、純粋でピュアなエネルギーになり、まさに、天のエネルギーそのものになります！

それは、自己と天が同調する状態であるから、そのようになったときには、なにか望むことに対して、いちいち祈ったり、願ったりしなくても、自動的に叶うことになるのだというわけです。

二つめは、「空間」を「浄化」するということです！ 自分が身を置く部屋や寝床、

自分が関わる場所を、清めるということです。

その空間を汚さないよう掃除をすることはもちろん、そこによろしくないものを持ち込まないということでもあります。

また、自分が身を置く環境をきれいな良い状態に整えておくことで、人の心も穏やかで落ち着いたものになるのだと言っています。

部屋がちらかっていたり、悪い環境の中にいたりすると、人は、落ち着かず、心を乱しやすいもので、よくない影響を受けやすい生き物でもあるからです。

また、悪い場所、汚れた場所へ自ら行かないようにする！　ということでもあります。

とにかく、悪いものに染まらない環境、良い環境の中にいることで、自分を正しく守るのです。

三つめは、「時間」を「浄化」するということです！

自分に与えられた日々の時間、たとえば、家族との時間、仕事の時間、遊びの時間など、人生の時間を、楽しく、うれしく、良いものにすることが大切だということです。また、この時間は、人生というものの生き方を、清め、正すということでもあります。そして、この人生を生きる「命」の時間のすべてを、無駄にしないようにするということでもあります。

これらの、「自分」「空間」「時間」の三つの領域をすすんで「浄化」していくだけで、あなたの意識、エネルギー、人間関係の質、人生のステージが、格段に高まります！

そして、**この「自分」「空間」「時間」の三つの領域が、完全「浄化」されたとき、あなたは天に通じる状態になるわけです。**

そのとき、あなたが抱えていた心身の汚れや傷、ストレスになるもの、やっかいな問題、いやな人間関係が、天によって大掃除され、人生が好転します！

つまり、あなたに害を与える「悪縁」など、もはや、なんの問題でもなく、天がすっかり掃除して、あなたの人生から排除してくれるということです！

それゆえ、いつでも何かいやなことがあったり、「悪縁」に悩まされたりするときには、自ら率先して、この三つの領域を「浄化」し、あわせて、天に向かって、こう言うといいでしょう。

「神様、この人は手におえませんので、神様におまかせします。
私はもっと自分自身を清め、高め、素晴らしい人になり、
素晴らしい人たちと、素晴らしい世界に入ります！
どうぞ、よろしくお願いいたします」と。

そのとき、あなたは何も手をくださなくても、相手は、相手なりの理由か、正当な何らかの事情によって、あなたの人生の領域からいなくなり、平和が訪れます。そこから、ようやく本来望んでいたような素晴らしい人生がすんなり叶えられるようになるのです！

〝真空〟になると、奇跡が起こる♪

3か月間ですべてがすっかり良くなる☆人間関係と運気好転の秘密

ふつうにしていても「悪縁」と切れ、「良縁」で人と結ばれ、なにかと「いいこと」「ハッピーなこと」「奇跡のような素晴らしいこと」が起こったら、うれしいと思いませんか？

実は、そんな、方法があるのです♪

それは、**今日から最低3週間、できればしっかり3か月、いっさい、愚痴・不平不満・悪口・誹謗中傷・文句・批判を言わないように過ごす！**　というものです。

これをすると、3日目くらいで、気持ちがおだやかになります。そして、ちょっといいことが起こります。お店で何かをプレゼントされるとか、良い本に出逢うとか、探していたものがみつかるとか。

3週間やると、心が軽く、ほのぼの、明るく、スッキリするだけでなく、体も軽く、柔らかく、あちこち楽になります。肩凝りや頭痛があった人はそれが軽減されるかなくなっていることもあるでしょう。そして、意外な人からうれしいメールがきたり、ハッピーな電話がかかってきたり、何かと都合の良いことが、ちらほら起こります！

そして!!　3か月もやると、自分の中の優しさやおだやかさが増大したのを実感し、心が幸せな感覚で満たされます。そして、よく考えたらずっと笑顔でいられ、最近、とても心地よく生きているなぁということに気づき、この3か月のいいムードに感動します。そして、したかった仕事のオファーがきたり、必要なお金が入ってきたり、意中の人から連絡がきたり、なにかと願いも叶いだします！

それらは、**あなたが、悪い言葉を自分の中から一切なくしたことがきっかけで、3か月の間に、きれいにいやなものがそうじされたからです！**

しかし、これが自分の人生の習慣になると、もはや天国。

気づいたら、あなたの人生は、新たな出逢いや思いもよらぬ幸運の出来事やシンクロやフローに恵まれているものです！

あなたの中から、いやなものがなくなり、すっかりクリアリングされ、真空状態（ただ、ふつうにしていても満たされている状態）になり、ダイレクトに宇宙とつながる人になるのです！

そのとき、あなたの中には邪魔するものが何もないので、ちょっと、何か良いことを考えただけで、それが順次に宇宙にオーダーされた状態になり、あなたが特に何もしていないのに、良いことや、都合のいいことが起こり、勝手に望む現実になっていくのです！

ちなみに、実をいうと、あなたの人間関係から「悪縁」を切るのと、あなたの人生から「不幸」を取り除くのは、同じ方法であり、まさに、ここでお伝えした「真空」になる、すなわち、ここでお伝えした方法なのです！

この真実を知った人は、運命のしくみを知ったも同然で、もう、自ら、おろかなことをして、不幸な道へ進むことなど、一切、なくなります！

守護霊さまに、感謝する

みるみる運がよくなる！　幸せになる！
なにかとうれしい願いが叶う♪

あなたの仕事や恋愛をうまくいかせたい、夢や願いを叶えたい、人生をランクアップさせたい！　というときには、それなりに、「良縁」で結ばれた人間関係がないと、成り立ちません。

すべての成功と飛躍は、いつでも、人間関係がうまくいっているところで起こるものだからです！　逆に、人間関係が失敗しているところでは、成功も飛躍も何かを成就させるのも、むずかしいものです。

ということは、あなたの人生には、絶対に、うまくいっている人間関係が必要だということです！　そのとき、あなたを認め、引き上げてくれる人も必要不可欠なわけです！

たとえば、あなたは、好きなことを仕事にし、プロになり、その道で稼ぎ、素晴らしい仲間に恵まれ、成功をおさめたいとか、世の人々にも認められ、さらなる活躍をしたい！　ということも、あるでしょう。そのために、キーマンと「良縁」でつながりたいと！

そんなときには、次の尊い方法をどうぞ！

ズバリ、それは、「守護霊さまに、感謝する」というものです！

そのとき、あなたは守護霊とも「良縁」で結ばれます！

たとえば、朝、起きたときには、

「守護霊さま、おはようございます。今日も一日よろしくお願いいたします。いつも、お守りくださいますこと、心より感謝いたします」と、あいさつし、夜、寝るときには、「守護霊さま、今日も一日、お守りくださり、無事に過ごさせていただき、ありがとうございます」と、いうように。

とにかく、自分の背後で、何もいわずとも、すべてを見守り、保護してくださっている尊い存在に、心をはせ、感謝の思いを伝え、ねぎらってほしいわけです。

多くの人は、何かをするとき、自分一人の力のみでやっていると思い込みがちです。しかし、この人生では、あのとき、あの人とめぐり逢うことがなければ、あの場面でうまくいくことはなかっただろう、というようなことが、多々あるものです。

そういったことも含めて、日夜、あなたを導き、あなたを生かし、あなたの本領が発揮されやすいよう、慈愛に満ちたサポートをしてくださっているのが、守護霊さまです。また、あなたを良い方向に導くために、様々な人たちとつなげてくださるのも守護霊さまです！　人さまとの「良縁」をというのなら、守護霊さまに出逢いとお導きをいただける人でいたいもの。そのためにも、感謝が大切なわけです。

守護霊さまは、あなたが地上に降りてくるときに、天界の神さまに「この者についていなさい」とミッションを与えられ、一生を通して、あなたを守り続けてくださる存在です。

しかし、あなたはその方を見たことも、ふれたことも、声を聞いたこともないので、そういう方が自分についてくださっているとは、夢にも思わないものです。

なんとなく、「そういう存在って、あるのかなぁ～」と考えたことはあったとしても、どっちかわからないことなど、考えてもしかたないと、すぐに、そこから意識を外すものです。

しかし、この「守護霊さま」は、本当にいつもついてくださっていて、あなたがうれしいときも、楽しいときも、苦しいときも、辛いときも、すべてを共にし、一緒に人生を歩んでくださり、かたときも、あなたのそばを離れずにいてくださっています。

しかも、あなたがどうしようもなくネガティブなときにも、やっていられないとさじを投げたくなるほど愚かなときにも、たとえ、あなたに無視されているときでも、慈愛を持って、無償で、サポートをし続けてくださっているのです。あなたが生まれてから死ぬまで、何十年もの間！

その、守護霊さまに感謝をし、尊い気持ちを寄せ、愛を持ってコンタクトしていくと、あなたは、どんどん守護霊さまと親密な関係になれます。すると、守護霊さまは、何かと「直感」を通して、あなたに必要なメッセージをさずけてくださるようになります！　そして、あなたは、いつ、なにを、どうしたらいいのか、感覚的にわかる人になるのです。

守護霊さまとあなたが、親密になった証こそ、この「直感」であり、いただいた「直感」により動くことで、円滑現象が起こり、グッドタイミングで、「良縁」を惹き寄せ、チャンスをつかめ、あなたは引き上げられていくのです！

指導霊さまと、つながるための秘密

自分のミッションに向かうとき、天からあなたを引き上げる人が来る！

ここでは守護霊さまだけでなく、指導霊さまとも「良縁」で結ばれるための大切なことをお話ししましょう。

守護霊さまは、あなたのすべてを守るためにサポートしてくださっていますが、あなたが好きな道や、なにかしら専門的な方面に進むときには、それをしっかり手助けし、それを成功に導けるよう、「指導霊さま」を呼んできてくださいます。

何でもそうですが、好きなことをしていても、専門的なことをしていても、お金を稼げる人と、稼げない人がいるものです。プロになれる人と、アマチュアのまま終わる人がいるわけです。

なにを隠そう、その違いこそ、「指導霊さま」がついているか・いないかによるものです！

では、自分も好きなことでお金を稼ぎ、食べていきたい！　世に出てプロとして活躍したい！　という場合、いったいどうしたら、自分の守護霊さまは、指導霊さまを呼んできてくれるのでしょうか？　こちらがどういう状態にあれば「指導霊を呼んできてあげてもいいなぁ」と思っていただけ、そうしてもらえるのでしょうか？

それについて、私は、守護霊さまにチャネリングして聞いてみました。すると、こんな尊いことを教えてくださいました。

✳ 守護霊さまが、あなたのために指導霊さまを呼んでくる際のきっかけ

①そのことについて、この者が、日々、精進しているのを認めたとき
②そのことについて、この者が一般大衆大勢の人々の魂に、良い影響を与えること

ができると、こちらの世界で、それが見えたとき
③この者は、その道で、困難に出逢っても、途中で投げ出さないとわかったとき
④この者のあとに続く者、つまり、こちらの世界から地上に送り込んだ、同じような道を進むことになっている者に、大いなる刺激と学びと意欲と影響を与えられることがわかったとき
⑤この者は、大勢の魂の「光の霊団」のグループに所属させるにふさわしい者であると認めたとき
⑥この者を通して、助けなくてはならない多くの人間をまわりに認めたとき

その際、あちら（守護霊さま）は、こちら（あなた）の完璧性は求めておらず、魂に沿う生き方をすることができるかどうか、ということをみておられ、それが大切なこととなります。その、魂に沿う生き方とは、自分の中に光を生み出す生き方である！　ということでした。

この言葉を聞いたとき、とてもあたたかく慈愛に満ちたものを感じ、私は涙が止ま

りませんでした。守護霊さまは、その人に指導霊をつけようとするとき、その時点での、その人の立場や、学歴や家柄や、どこの何者かということには、一切、ふれておられないのですから。

こんなに、ありがたいことがあるでしょうか。

ちなみに、わかっておきたいことは、指導霊さまがついてくださるということは、いまより、もっと上に、引き上げられるということです。あなた自身も人生も、させていただく仕事も、よりレベルの高いものになるわけです。

それゆえ、その分、自分ももっと成長をする必要があるということは、いうまでもありません。

ちなみに、私は、42才で作家デビューしましたが、それまで本当に苦しい艱難辛苦《かんなんしんく》の中にいました。誰に救いを求めればいいのかわからず、とにかく、毎日、目に見えない大いなるものに心をはせていたのです。そして、来る日も来る日も守護霊さまに感謝し、観音経を唱え、心の修行に励み続けたあるとき、突如、デビューすることになったのです！

デビューしてからというもの、年間20冊以上の本を書くことが何年も続きました。

多いときには、一度に15冊もの本を3か月で書き上げなくてはならないような時期もありました。

そんなハードワークをこなす秘訣はなんなのかと、よくまわりに聞かれましたが、パソコンの前に座ると、いつも勝手にスラスラと言葉が出てきて、手が動き、自動書記のようになり、あっという間に原稿が完成するのです！

そして、おもしろいことに、「今度、こんなテーマで本を書きたいなぁ」と、ふと、思うだけで、タイミングよく、それを書いてほしいという出版社が現われるのです。こういうことが、もう、デビューから15年経ったいまでもずっと続いています。

そんなオファーや仕事の流れは、いつも不思議なことだらけで、「あっ、守護霊さまが、キーマンを連れてきてくれた！」「あっ、指導霊さまがアイデアをくださり、いま書かせてくださっている！」と思えるようなことが多々あり、そのたびに、感動し、涙があふれてくることばかり。

そして、「これは自分の力ではない」と思うしかないような、想像以上の良い展開に導かれるものです！

出逢う人には、意味がある！

どんな人であれ、目の前に現れる人は、あなたを最善に導いている

目に見える〝あなたの目の前の人たち〟との関係を、より良いものにしたいというのなら、目には見えない〝背後で守護してくださる存在〟にも、そっと心をはせてみたいものです。感謝とともに！

そのとき、これまでの人生で出逢った人たちが、「悪縁」だとか、「良縁」だとか、そんなことに関係なく、ただ、そのとき、そこにいるべき必要な人たちだったのだと、わかるものです。

実際、あなたが出逢う人には、すべて意味があります。それが、どれほど素晴らしい人であっても、どんなにイヤな奴であっても、です！

たとえば、人は、自分を手助けしてくれ、利益をくれ、引き上げてくれる人と出逢

うことは、良いことだと納得していて、その人との運命をよろこびます。それを嘆く人はいません。

しかし、自分に辛いことや、痛いこと、悲しいことをしてくる人と出逢ったことには、嘆き、怒り、運命をのろうことすらあるものです。その意味がわからずに。

けれども、人は、人によってしか磨かれません。魂は力をつけない限り、上に上がれないのです。

ときには、いやな人がやって来るからこそ、人の心の痛みもわかり、優しくもなれるのです。また、大切な何かに気づくこともできるのです。そして、自分が辛い思いや、いやな思いもするからこそ、「もう二度と、こんな思いをしたくない！」と、人とのかかわりに気をつけたり、何かを改善したり、自分を強くしたりできるわけです。

そこには、ただ、成長があるだけです。でも、傷は残してはいけません。成長することで、心の力で、その傷を癒し、解消させるのです。

さて、**観音経の中では、この世で出逢う人は、〝すべて観音さまの化身〟だと説かれ**

ていますす。それは、いい人だけでなく、あなたにいやな思いをさせる人も含めてです。

観音さまは、そのときのあなた、そのときの状態に合わせて、三十三変化《へんげ》し、様々な姿で現れ、必要に応じて、あなたを悟《さと》し、教え、気づかせ、導いてくれます。

そのとき、おばあさんとしてあなたの目の前に現れた方がいい場合は、おばあさんという姿で。子どもとして現れたほうがいい場合は、子どもとして。

人は、どういうときに、どういう人に出逢い、どういう出来事を経験し、どう人生を生きたのかで、必要な学びをしていきます。何をされたのか、その関係の中で、大切なものを学び取ります。

そのとき、とても辛いことがあったからと、そのせいで自分をダメにするのではなく、力をつけて、大きくなることが必要なのです。そうやって、魂を磨き高めることが大切なのです。

というのも、人は本来、ただの肉の塊ではなく、エネルギーシステムを持った霊的存在であり、エネルギーそのものだからです！　人間が何で出来ているのかを、細部の細部まで調べていくと、最後は、〝光の素粒子〟になるわけですから。

その光の素粒子こそ、魂であり、振動であり、エネルギーです！　そして、その振動は〝いったい誰の力によって動いているのか〟というと、それこそが、目には見えない、大いなる存在としか言えないわけです！

その光の素粒子は、光であるがゆえに、明るいもの、うれしいもの、よろこばしいもの、楽しいもの、わくわくするものに、共鳴します♪

ですから、少々、いやな人がいて、いやなことをされたからといって、すぐに、暗くなったり、落ち込んだり、不安や恐れに引きずり込まれるのではなく、本来の自分の姿である「光」を取り戻す作業をしていかなくてはならないのです。この人生を、誰と、どういうふうに、生きていこうと！

Chapter 5

人とつながり、幸せになる☆次元上昇の法則

あなたの人間力が高まるとき、
人生のあらゆる領域がうまくいく！

愛した人が、悪縁!? それに対処する

良縁なら、幸運に♪
悪縁なら、不本意にも不運になると心得よ

あろうことか、ときに、自分が愛して、つきあった人が「悪縁」ということもあるものです。

しかし、それは、なんとなく、最初に出逢ったときから、気配が漂っているものです。が、恋は盲目♪ 好きな気持ちが強いと、他のことが気にならなくなるというか、見えなくなるというか、いや、見えているのに、そこは無視したいという気持ちになるものです。

それゆえ、つきあってから、とんでもないことになり、その人が「悪縁」だったとわかることがあるわけです。

さて、恋愛において、あなたにとって「悪縁」となる人は、どういう人でしょうか？　それは、もちろん！「あなたを心から愛さない人」であり、「あなたを大切にしない人」です！

いいですか！　よくわかっておいてくださいよ。心から、あなたを想っている人は、決して、あなたを粗末にしませんし、あなたがいやがることや、悲しむことは、しません！　というのも、「愛」とは、相手に対する優しさであり、思いやりだからです！

ベッドでSEXをしているときに「愛しているよ」と言われたからといって、本当に愛されているとは限りません。男は、あなたと夜をともにしたいだけで、そういう言葉を言えたりもする生き物だからです。

もし、あなたが〝心〟から、その人に愛されていれば、あなたはその人と会うたびにうれしく、心地よく、癒され、満たされるものです。そう、何も特別なことがなかったとしても！

というのも、そのとき、相手は、優しく、思いやりがあり、あなたが嫌がることや、悲しむことを一切しないからです。どうすればあなたを楽しませることができるか、どこに連れていけばよろこぶか、どう一緒に過ごせば幸せか、そういったことを考えてくれているものです。

愛とは、思いやりと理解であり、あたたかい優しさに満ちあふれたもので、それゆえ、あなたは本当に、相手に心から愛されているのだとわかるのです。理屈ではなく、ハートがそれをわかります！

愛のある「良縁」で結ばれると、あなたと彼は互いに満たされ、一緒にいると、なにかと楽しく、それだけで幸せなものです。

そういう関係には、素晴らしい出来事がたくさんありますし、少々、ケンカをすることがあったとしても、お互いの想いや真意がわかるので、どう仲直りすればいいのかもわかり、二人で成長していくものです。そう、同じ方向を向いて♪

ところが、これとは、逆に、エゴでつながった、「悪縁」になりがちな相手とつきあうと、こうはいきません。

もし、あなたが、〝心〟から、その人に愛されていない場合は、あなたはその人と会うたびに、よけいさみしくなったり、落ち込んだり、不満足感を募らせるものです。

また、相手といるほど、なにか不安や心配が募り、孤独感がつきまとい、「愛されていないのかも」と、本能的にわかるものです。

なにかと納得のいかない出来事が多く、首をかしげることばかり。それに、辛い思いをさせられ、泣かされることが多いもの。

ときには、暴言や暴力を受け、お金をむしり取られ、いやな問題や事件や事故に巻き込まれ、すべてが危うくなったりします。

そう、いちいち、なにかと、エゴや不誠実さを感じるわけです。

あなたがそういう相手といるとしたら、一刻も早く、つきあいを考えなおしたほうがいいでしょう。

もし、相手に、精神的にやられ、うつ状態になっているとか、言葉や態度によって傷つけられたり、暴力を受けたり、お金をせびられたり、何かしら被害を受けたりするというのなら、一刻も早く別れたほうが身のためかもしれません。


しかし、おかしなもので、そういう「悪縁」でしかない男性といても、なかなか別れようとしない女性がいるものです。

そういった場合、たいがい、愛ではなく、互いに「癒着」してしまっているからです。支え合っているのではなく、依存し合っているわけです。

そして、どっぷり、二人で、落ちていくわけですよ。あ～、恐ろし～。

また、その中で展開するおかしな出来事や不幸に対して「愛しているのだから、二人で乗り越えないといけない」「私がいなければ、彼もダメになるし、私もダメになる」などと、なにか、どこか、ゆがんだ幸せを叶えたがるわけです。


もちろん、本当に愛し合っている相手となら、助け合い、支え合うことも大事で、それは素晴らしい絆になるわけです。が、どちらか一方だけが、悲惨な目にあわされ、相手を支えなくてはならないとしたら、なにかがおかしいのだと気づくべきです。

あなたは、愛し合いたいのであり、被害をこうむりたいわけではないのですからねぇ～。

しかも、そんな、おかしな恋愛をしなくても、ちゃんと、「心から愛し合える、幸せな恋愛」を叶えることができるのです！

どうしたら、そのような愛し合える幸せな恋愛相手と出逢えるのでしょうか？　それは、まさに、その「悪縁」の相手と別れれば出逢える！　ということです。

あなたを幸せにする「良縁」は、「悪縁」を切ったとたん、自動的に目の前にやってきます！

たちまち良縁が訪れる☆秘密のしくみ

良縁さん、いらっしゃい♪
その答えは、自分とのつきあい方にある！

「良縁」で、いい人とめぐり逢い、幸せな恋愛や結婚を叶えたいというとき、覚えておきたい「人間関係の法則」があります。

それは、「自分が自分にしていることを、あなたにする人がやってくる」というものです！

たとえば、あなたが、自分の容姿や性格や何かを自分で悪く言ったり、嫌ったり、自分の心や体を傷つけたり、自分のことを粗末にしたり、自分に嘘をついたり裏切ったり、自分を最低の人間だと思い込んで批判したり、自分になど何も良いものがないと言ってみたり、自分が不幸せになるようなことばかりしていると、あなたに対して、そういうことをしてもいいと思う人がやってきて、実際そうするのです。

その、あなたの思い込みが、大きなまちがいで、実際は、あなたがかけがえのない素晴らしい人であったとしても、あなたが自分のことを、悪く言い、おかしな思い込みや偏見を持ち、なにかと自分を粗末に扱うと、自分で自分を落とすだけでなく、あなたを落とす人まで、やってきてしまうのです！　なにせ、法則なのですから。

逆に、あなたが自分を好きでいて、自分の容姿や性格のぜんぶ、あるいは、どこか一部でもいいので可愛いと感じたり、好きでいたり、チャーミングだと認め、自分を大切にしたり、自分もまんざらでもないと思い、自分を楽しませたり、幸せにしようとしていると、あなたに対して、魅力を感じ、良いことをするしかないと思う人がやってきて、実際、そうしてくれます。

そのとき、少々、あなたの鼻が天井を向いていようが、肉付きのよい体格をしてい

ようが、法則は、あなたに素晴らしい人を、よこしてくれるものです♪

あなたが心の中や言動を通して、自分にしていることは、いつも、宇宙に放映されていて、その反響にみあったものを、持ってくるわけです！

それゆえ、**もし、「良縁」で、いい人と出逢い、自分を愛し大切にしてくれる人と、幸せな恋愛や結婚を叶えたいというのなら、なにがなんでも、自分で自分の良さを認め、大切にし、心から愛さなくてはなりません。**

たとえば、まわりにあなたのことをけなす人や、悪く言う人や、いじめる人がいたとしても、それなら、なおさら、あなただけは自分を愛し、大切にし、守り通さなくてはなりません。

自分のところにやってくる人を価値ある人、素晴らしい人で、かこむためには、自分が、まず、自分の価値を認め、自分のことを素晴らしい存在だとわかっておくことが必要不可欠なのです。

そのとき、あなたが実際に、何かすごいことをできるとかできないとか、何か良いものを持っているとかいないとか、そんなことには関係なく、〝自分は、価値ある素晴らしい存在なのだ〟と認めることが大切なわけです。

これはなにも、自信過剰になれということではありません。実際、あなたは、そのままで、無条件に、素晴らしい存在で、〝愛されるに値する人〟だからです！

それゆえ、「私は、愛されるにふさわしい。なぜなら、私が私をこんなにも愛し、大切にしているのだから」と、そう自分に言い聞かせてください。すると、あなたを愛し、大切にする人が、法則に従い、目の前に現れます！

そのとき、「悪縁」かどうかなど心配しなくても、いともかんたんに「良縁」で結ばれるものです！

〝逆縁〟をつかまないこと！

「良縁」がほしいなら、昔の「悪縁」の相手は、完全に断ち切りなさい

恋愛・結婚において、「良縁」に恵まれたいというのなら、過去の恋愛相手にいつまでもこだわっていてはいけません。

過去につきあって、うまくいかず、別れてしまった人は、過去のあなたのエネルギーにみあった人であり、成長したいまのあなたのエネルギーとはみあわず、大きな差があることがあるからです。

あなたが人間的に成長し、良い仲間にかこまれ、前より人生が上向きになっているというのなら、いまのあなたのエネルギーにみあう人と出逢うのが自然であり、そのほうが「良縁」になりやすいものです！

とはいうものの、ある程度の年齢になっているのに、あれっきり、これっきり、恋愛相手がみつからないというとき、〝過去の在庫探し〟のようなことを人はしたがるものです。そう、つい、昔の恋人に連絡をしたり、もう一度、よりを戻そうとしたりして。

しかし、あなたが過去にその人と別れたというのには、それなりの原因や理由があったからだと思い出してください！　そして、そこには、あなたがその恋愛では、その相手では、うまくいかなかった、幸せになれなかった、何かがあったことを、忘れてはいけません！

その、いやな過去の相手や出来事や、当時の自分の精神的苦痛を忘れて、いまよりも波動の低い昔の相手に、自分から戻ることを、「逆縁」をつかむといいます！

「逆縁」は、「悪縁」より、ある意味、気をつけたいもので、思いもよらぬいやな出来事や、心の傷、大きな後悔、悲惨さを生み出すことがあり、要注意です！

しかも、「逆縁」で自分からつかむ相手や、相手のほうからこちらに再び戻ってくる相手は、たいがい、どこか、まちがった感覚で、あなたを求めてくることが多いもの。二番煎じのお茶のように「あまりおいしい」とはいえないものです。

たとえば、相手は、あなたと別れたあとに、他の相手とつきあっていたけれど、その相手とも別れ、その後、しばらく新しい相手ができず、しかたなしに、「誰もいないより、ましか」と、あなたを思い出し、ターゲットにした、という場合もあるからです。

それは、愛ではありません。用事です！　身勝手なあちらの用事！　そう、自分のいまのたいくつをしのぐ相手探しであり、さみしさを埋める作業としてのもの！

「まぁ、あいつでいいか。どうしているのか、連絡してみよう。あわよくば、寝ることができたら、それもいいかも」程度の、ノリかもしれないわけで、実際、そういうことが多いものです。

恋愛心理として、覚えておきたいことは、別れても、本当に相手が愛しくて忘れられないという場合は、最初の3か月、あるいは、6か月くらいまでに、何かと連絡してくるものです！　「君のことが忘れられなくて」と。

それ以上、月日が経ったという場合では、「どうしても、他の人を好きになれない」と1年半から3年以内に、せつなそうに連絡してくるケースが多いもの。

けれども、せつなさを伴わず、5年以上も経ってから、ひょっこり、それも、あなたの誕生日を過ぎてからや、クリスマスなどの行事あとに、いきなり連絡してくる相手というのは、ロマンチックな気持ちをあなたに抱いているとは考えにくいものです。というのも、本来、再び、あなたと恋人に戻りたいと思っていたとしたら、相手は必死で、なんとかそのきっかけをつくりたいと思うものだからです。

その有利な恋人獲得作戦の時期に乗らない、「えっ？　いま頃、しかも、この時期に一体どうして？　何？　なんで？」という時期に連絡してくるのは、エゴと身勝手さに満ちた他の理由があるからです。

「逆縁」の中で、なにより最悪なのは、「不倫相手」とよりを戻すことです！　これは、絶対にNGです！

この本を読んでいるあなたが女性で、過去に妻帯者とつきあったことがあるという場合、当時、別れた理由を、よく、よく思い出してください。

彼といても、誕生日も、ゴールデンウィークも、盆も、クリスマスも、正月も一緒には過ごせず、そのさみしさがいやで別れたのかもしれませんね。

自分は二番目に愛されることに耐えられなくなったからかもしれません。あるいは、彼を待っているだけの自分が、みじめになったからかもしれません。

また、彼からの誘いを待つだけしかできず「次は、いつ会えるの？」と聞くことだけがあなたの重要な仕事になり、にもかかわらず、自分からは「会いたい」などと、口が裂けても言えない立場で、ひとり部屋で泣いていたのかもしれませんね。

そうして、そういうことに、「もう、耐えられない！」と、あなたは、身を引きちぎられる思いで、決死の覚悟で、〝もう、不倫はこりごり〟と、泣きながら、ひとり、彼の前から姿を消したのでしょう。

あるいは、彼から、突然、「嫁にばれた」「子どもが受験だから」などと言われ、こちらの気持ちは度外視で、一方的にさよならを言われたのかもしれませんね。

それなのに！　ですよ、ひょっこりまた、こちらの気持ちも考えずに、いけしゃーしゃーとあなたに連絡をしてくるというのは、あきれた話です。

まちがっても、「あっ、彼から連絡がきた！　彼はやはり私のことを忘れられなかったのね♪」などと、めでたい考えをしないでくださいよ。

また、同じことをくりかえしかねませんからねぇ〜。

逆に、そんな相手に、もし、あなたから積極的に連絡をするのだとしたら、ここで、よく頭を冷やしてくださいな。

あれから、どうも独身の男には誰も興味を持てず、「やはり、あの人ほど癒される人は、いないわ」などと、ねぼけたことを言って、自分から、昔のその不倫相手に連絡したら、どうなると思います？

昔、さんざん、彼のことで、陰で、ひとり泣いていたというのに、あなたを粗末にしても、また、あなたから戻ってくるとなると、彼は、もっとあなたを粗末にしやすく、都合よく使える人になるわけです。そこに、どんな幸せがありましょう？

あなたは、あなたを一番には大事にしない人の、遊び道具になるには、あまりにも、もったいなさすぎます！

たとえば、テレビの再現ドラマなどで、若い頃につきあったものの、別れて、お互いに別々の人と結婚した二人が、年老いてパートナーと死に別れ、なにかしらの偶然で、バッタリ街で再会し、気持ちが再燃し、再婚したというような場合は、「逆縁」とはいえないものです。

そう、どちらもが故意に相手を探してはおらず（なつかしく、きゅんと思い出すことはあったとしても探してはおらず）、偶然、出逢ったのだとしたら、まさに、それは、天の配慮なのでしょう！

ちなみに、**人と人とのご縁は、神様にしかつくれません。しかし、そのご縁をどのように育むかは、人間、個人の仕事となります。**

さて、「逆縁」の相手は、再会するとわかりますが、あいかわらず、あなたの気になる点はそのままですよ。

あなたは、それを、いまさら、また、我慢することになるか、さらにひどい仕打ちでそれを受けとめることになるかもしれません。

それゆえ〝「悪縁」は忘れた頃に戻ってくる〟ということを忘れないでいただきたいもの（これは恋愛に限った話ではありませんが）。

まぁ、もちろん、相手があなたを失ったことで、大切な何かに気づき、人間的に成長して、あなたを「もう二度と悲しませない」と誓ったとしたら、考えないでもないわけですが。

それでも、あなたに、一度でもひどいことをできた相手は、再度、ひどいことをするのも、平気なものです。

人を見る目を養う

信じるに値する本物の特徴は、これ！
本物にはいつもあるものがある

人を見る目は、何を隠そう！　〝自分が一番下にいるとき〟や、〝最も弱い立場にあるとき〟に、身につきます！

そう、自分が何も持っておらず、無力で、何の権力もない弱い立場にいるときほど、人が、あなたに〝どういう態度を取るのか〟〝どれほど親切にしてくれるのか、逆に、どれほどひどいことをしてくるのか〟、それが、はっきり見えることになるからです。

愚かな人ほど、人によって、態度をコロコロ変えるものです。偉い人にはぺこぺこし、弱い者を足で蹴とばすかのように。

しかし、賢い人は、誰に対しても、わけへだてなく同じ態度で親切に接してくれ、なんなら、か弱い立場にいる人に、「何かあったら、力になるよ」と、あたたかく、ありがたいお声をかけてくれるものです。

あなたが、まだ何も特別なものや地位や名誉や財産や人脈を持っておらず、無力で、弱い立場にあるときに、それでも、あなたに手取り足取り何かを教えてくれる人や、親切にしてくれる人、励まし、応援し、引き上げようとしてくれる人がいたとしたら、そういう人があなたの心や人間性を養い、手本となる人です！

一番下の立場にいる人や、弱い人に、惜しまず、あたたかい手を差し伸べられる人こそ、人間味あふれる人であり、信じるに値する〝本物〟！

そこには、大いなる愛があり、慈悲があり、感動があります！　感謝や敬意が湧きおこります！

そして、こういったことは、「一番下にいる時期」にしか、わからないものです。というのも、自分が偉い人になったら、誰もが、自分にいいところしか見せなくなるからです。

ちなみに、私が仕事で長くつきあうか、一回きりにするか（あるいは、まったく、その人とは仕事をしないか）を決める際に、見ているところは、うちの秘書やスタッフに対する、相手の態度です！

たとえば、私には、「先生、先生♪」と、ニコニコ丁寧にするわりに、うちの秘書やスタッフには、会ってもあいさつをしなかったり、何かを問い合わせても何日もそのメールや電話を無視したりするような、〝裏表のある人〟は、信用できないからです。

人によって、コロコロ態度を変える人は、どのみち、こちらが活躍できなくなったら、すぐに突き放し、手のひらをかえすようなことをする人なのでしょう。

しかし、これとは逆に、私とはラフにつきあいながらも、うちの秘書やスタッフをとても大切にし、私の知らないところで、秘書やスタッフにとても良くしてくださる人もいるもので、そういうのを知ったとき、むしろ、自分たちがどれほど大事にされているのかがひしひしと伝わってきて、ジーンと感動で、涙があふれてくるものです。

あなたが一番下にいるときに、「どうせ、こんな奴」とばかりに、あなたをいじめたり、粗末にしたり、ひどい扱いをする人は、心の貧しい人であり、決局、その程度の人です。信じる価値も、ついていく価値もないでしょう。

ちなみに、一番下の立場にいるというとき、早い人だと、幼稚園や小学校時代に、先生の態度を見て、人を見る目を養っていたりするものです。

子どもは小さいから何もわかっていないだろうと、あなどれません。

子どもの、「ママ、あの先生、変なんだよ、あのね……」「ママ、〇〇先生って、とても優しくて、みんなに好かれているんだよ♪」と話してくれる内容の、なんと冷静な観察力と分析力かと、驚かされることがあるくらいですから。

「良縁」の素につながる♪

別格のエネルギーを放っている
その魅力の秘密

自分より弱いものに、優しく手を差し伸べられるかどうかが、〝人間の器〟の差です！

そして、お伝えしておきたい真実は、「できた人ほど、誰にでも気さくで、フレンドリー」ということです。逆に、「中途半端な人ほど、いばりちらしていて、壁をつくる」ということです。

世に出て、大成功を収めている人や、すごいレベルにいる一流の人たちは、みんな、まちがいなく、気さくで、フレンドリーで、優しいです！　時には、愛にあふれた神対応をしてくれ、別格のエネルギーを放っているもの！

実は、私は、この業界に入って、いろんな成功者に出逢ってきました。サッカーの日本代表、人気ミュージシャン、ベストセラー作家、スーパードクター、大御所俳優！　と、それは、それは、いろいろ。そういう社会的に成功している尊敬に値する素晴らしい方々は、いつ、どこでお目にかかっても、〝人に気をつかわせまい〟という心づかいがすごくて、本当に、気さくにふるまってくれます。その言動は、慈愛に満ちたもので、〝本物の余裕〟を感じずにはいられないほどです。

そういう人に逢うと、「ああ、なんて素敵な方々だろう。自分もずっとこんなふうでいよう♪」と、無言で大切なことや、人の魅力とは何かを教えられます。

しかし、人を見る目が養われていない人は、この、本物の人の気さくさを、愛の大きさとは知らず、かんたんにバカにするものです。
「なんだ、ふつうに話せる程度の人か」「わりと、ふつうのおじさんか」「憧れて損した。そこらへんにいる人みたい」と。そうして、逆に、ツンとお高くとまっている人や、いばりちらしている人を、「すごい人！」だと、誤解するのです。

ちなみに、**本当にすごい人は、偉そうにする必要はありません。なぜなら、自分でしっかり自分を認めており、満たされているので、他人に対して、自分がどういう者であるかを、誇示する必要も、自慢する必要も、どこにもないからです！**

中途半端な人ほど、自分を大きく見せる必要にかられて、偉ぶるわけです。人に自分を認めさせ、尊敬させ、そのうえで自分の思うように動かしたいと！

さて、誰にでも気さくで、フレンドリーな成功者たちは、こちらに好感を抱いてくれた際には、その日から、長年の友人のように、大切にしてくれます。そして、よくこう声をかけてくれます。「なにかあったら、いつでも連絡しておいで。なにか力になれると思うから」と。そして、自分の仲間にも惜しみなく紹介してくれ、そのとき、自動的に別格クラスの「良縁」の輪とつながれるものです！　そこでは、思いもよらぬ幸運の出来事が日常的に起こります！

好きなことをして、生きる

価値ある目的に生きると、出逢うべき〝運命の人〟が現れる！

この世には、「良縁」に恵まれたいと望まずとも、自然に「良縁」に恵まれ、良い仲間や愛するパートナーにかこまれ、いい仕事や大きなお金や豊かさを叶え、まるで次元上昇したかのような幸せな人生を送っている人がいるものです！

それは、どんな人かというと、好きなことや楽しいこと、価値ある学びや素敵な夢、大きな目標、高い志を持って、わくわく生きている人です！

そういう人の日常には、よろこばしいエネルギーがあふれており、良いことや幸せなこと、感動がたくさんあり、それに共鳴するハッピーな人たちが、勝手にやってきます！

そのとき、共鳴し、惹き寄せられた人たちと「良縁」で結ばれるだけでなく、宇宙とも「良縁」で結ばれます！　すると、さらに、すごいキーマン、ビッグチャンス、思いもよらぬ幸運が次々と惹き寄せられます！

好きなことや楽しいこと、価値ある学びや、夢や願いや目標や高い志を持って生きているとき、人は、誰に言われなくても、自然に、正しいときに、正しい場所にいて、正しいことをしています！

そのとき、すべてが当然のごとく良い方向に流れ、叶うべきものが叶い、ごく自然に、人生が引き上げられていくのです！

つきあう人は、選ぶ♪

幸せに恵まれる人は、人に恵まれ、富に恵まれ、運に恵まれる！

ここから「良縁」に恵まれ、ハッピーな気分で、思い通りの人生を叶えるためにも、しっかり、やっておきたいことがあります。

それは、「つきあう人は、選ぶ♪」ということです！

これは、とても大切なことです！ というのも、あなたが誰とつきあい、どんな気持ちを抱き、どんな出来事を経験するかで、この人生は、まったく違ったものになるのですから。

「つきあう人を、選ぶ♪」というとき、そこには、ちゃんと、選び方があります。それは、頭ではなく、ハートに聞いて、心地よい人を選ぶということです！

たとえば、一緒にいて楽しい人、会うと無条件にうれしい人、わくわくする人、そばにいるだけで癒される人、良い刺激になる人、互いに信頼しあえる人、学べるところがある人、尊敬する部分がある人、価値観の同じ人、価値観は違うけれど自分を成長させてくれるところがある人などです。

ひとことでいうと、〝波動が合う人〟です！　波動の合う人といると、幸せな共鳴現象が起こりやすく、なにかと「いいこと」が押し寄せます！

また、自分より波動の高い人といると、勝手にこちらのエネルギーも引き上げら、人生のあらゆる領域が急に上向きになります！

そんなふうに、あなたのエネルギーを高めてくれる人を選ぶと、人生は、たちまち幸運化します！　そんな「良縁」は、あなたの人生に大きな感動や、たくさんの宝物を残してくれることになるでしょう！

逆に、ハートではなく、頭で人を選ぼうとする人もいるものです。

たとえば、「この人は会社の社長さんだから、つきあっていると得になりそう」「この人は著名人の知り合いが多いから、一緒にいると自分も著名人とつながれそう」とか、「この人は、裕福な家の子だから、つきあっていると自慢できそう」「お金持ちだから」とか、そういったエゴや計算や、おかしな判断基準で、人とつきあおうとする人がいるものですが、そういう場合、相手からも、おかしな基準で見られるものです。

そして、こちらが「おつきあいを♪」と、望んだところで、おかしな理由で自分のところにやってきた人など、むこうも相手にしてくれないし、本当に、親密にはなれないものです。

人が人との関係で、本当に求めているのは、「心」の交流です！　それがない人とつきあうことに、人は虚しさを感じるものです。

しかし、それだからこそ、心の交流がある関係はうれしいもので、そのよろこびによって、互いに高まりあえ、エネルギーを引き上げあえ、ともに昇っていけるわけです♪

なんでも来い☆そのあり方が、奇跡を呼び込む♪

あなたのすべてが、一瞬で高次元シフトする☆タフの魔法力とは!?

「悪縁」を切り、「良縁」とつながりたいとか、「良縁」から「幸運」になりたいとか、そんなことを考えるより、もっと効果的な「良縁」と「幸運」、ついでに、「奇跡」の惹き寄せ方があります！

ズバリ、それは、**「もう、なんでも来い！　来るなら来てみろ♪」という〝タフな気持ち〟で、いることです！**

それは、なにも、やけになっているのでも、無理に強がっているのでもなく、すべてをおおらかに受け止め、あきらかに極める心的態度であり、〝恐れ知らず〟のあり方です。

そんな、明るく、元気で、丈夫で、しなやかなで、なににもこだわっていない〝タフな気持ち〟で、人間関係や人生に望むとき、むしろ、いやな人などひとりもやって来ず、いやなことは起こらず、なぜか、突然、問題や障害や不運が、消え去ってしまうものです！

そして、日常的に、〝タフな気持ち〟の持ち主でいられるようになると、いつ、どこで、何をしていても、「良縁」が運ばれ、「幸運」を惹き寄せます！

というのも、そのとき、こまかい、いやなことなど、どっちでもいいと、もう、完全に、スルーする力を持つからです。

また、〝タフな気持ち〟でいると、自分の視界がひらけ、目の前の世界が明るく通った感じに見え、希望に満ち、ここから何でもできそうな気がし、勇気がわき、ポジティブに進めるからです！

そのとき、躊躇《ちゅうちょ》なく、ふつうに、つながりたい人とつながれ、すんなり、やりたいことをやれ、そのおかげで、願いや夢や目標も叶いやすくなるのです！

また、〝タフな気持ち〟の最もすごい魔法力は、ふつうにしているのに、ふつうでは考えられないような善きものと、自然に結びつく力を自分に持たせてくれるところです！

とにかく、思いもよらない幸運の偶然を、タイミングよく、惹き寄せやすくなるわけです！　つまり、それは、奇跡を呼び込むパワーを授かるということです！

恐れるものがないというとき、人は無敵です！　というのも、そのとき、〝タフな気持ち〟の自分自身が、人間関係といわず、仕事といわず、この人生のあらゆる領域をうまくいかせてしまうからです！

そのうえ、恐れのない人を、悪者はいちばん恐れ、神は最も引き上げやすくなるからです！

そして、タフな人のそばにいると、まわりの人も大きな安心感と希望と勇気を抱くもので、「この人のように、悠々としていたい！」と思うものですし、「もっと話を聞きたい！」「大切なことを学びたい！」と、感じるものです。

それは、〝タフな気持ち〟の持ち主が、恐れを超えたからです！

いつでも、恐れを超えると、あなたのすべては一瞬で高次元シフトし、「良縁」に恵まれながら、奇跡の領域に突入します！　そのとき、すべてが可能な世界にいて、「人生、思い通り！」になるのです！

感謝をこめた「あとがき」

〝感謝が基本〟と心得る

――人さまに〝ありがたい〟と思う気持ちが、なにより大切な幸運の素

人間関係が悪くなったり、問題が起きたりするのは、大なり小なり何かしらの原因があるからでしょう。

しかし、人と人の関係がおかしくなるのは、結局、「感謝を忘れているから」ではないでしょうか。

たとえば、目の前の相手に対して、心に少しでも感謝があれば、ささいなことで愚痴や文句を言ったり、批判したり、いじわるしたりすることは、ないはずです。

それを、「もっと、こうだといいのに！」と、相手の言動を不服に思い、自分の都合だけを考えて、「ああしてくれない。こうしてくれない」「私はこうしたのに、相手はそれに応えてくれない」と思いつつ、何かを要求し、〝してもらってあたりまえ〟という気持ちでいるから、おかしくなるのです。

本当は、人は、誰も、何も、あなたに何かをする義務も、責任もないのです。誰かに、何かをしてもらって当然という気持ちこそ、おごりからくるいやらしさかもしれません。

相手が何をしてくれた・してくれないにかかわらず、相手がいてくれることで成り立つ関係や場面があるわけですから、「この人が、ここに、いてくれるだけで感謝」なのです。「あなたがいてくれるおかげです。ありがとうございます」と、目の前の人に、心を込めて、感謝を口にするとき、人と人との間には、かんたんに、いいことも、感動的なことも、幸せな奇跡も起こるもの！

互いに感謝を抱くようになると、互いに相手の良さがとてもよくわかるようになり、大切にでき、そのとき、互いに、「いい人に恵まれた」と、よろこび、「良縁」でいられるようになるのです。

２０１９年　３月

ミラクルハッピー　佳川　奈未

佳川奈未 ✳ 最新著作一覧

✦『「いいこと」ばかりが起こりだす　スピリチュアル・ゾーン』	青春出版社
✦『約束された運命が動きだす　スピリチュアル・ミッション』	青春出版社
✦『大自然に習う古くて新しい生き方　人生の教訓』	青春出版社
✦『ほとんど翌日、願いが叶う　シフトの法則』	青春出版社
✦『ほとんど毎日、運がよくなる！勝負メシ』	青春出版社
✦『すべてを手に入れる最強の惹き寄せ「パワーハウス」の法則』	青春出版社
✦『宇宙から「答え」をもらうシンボリック占い』	青春出版社
✦『幸運予告』（初めての語りおろし特別CD付／約40分収録）	マガジンハウス
✦『幸運Gift☆』《エイベックス歌手デビューCD付》	マガジンハウス
✦『富裕の法則』竹田和平＆佳川奈未　共著	マガジンハウス
✦『成功チャンネル』	マガジンハウス
✦『恋愛革命』	ＰＨＰ研究所
✦『「運命の人」は探すのをやめると現れる』	ＰＨＰ研究所
✦『あなたの中のなんでも叶える“魔法の力”』	ＰＨＰ研究所
✦『「未来想定」でみるみる願いが叶う』	ＰＨＰ研究所
✦『望みのすべてを必然的に惹き寄せる方法』	PHPエディターズ・グループ
✦『効果的にお金を惹き寄せる魔法のルール』	PHPエディターズ・グループ
✦『自分で運命調整する方法』☆佳川奈未本人登場！ DVD（52分収録）	講談社
✦『運のいい人がやっている「気持ちの整理術」』	講談社
✦『怒るのをやめると奇跡が起こる♪』	講談社
✦『「結果」は、自然に現れる！』	講談社
✦『ひとりでに願いが叶う魔法のノート』	講談社
✦『あなたの中の「叶える力」を200％引き出す方法』	フォレスト出版
✦『働かない働き方』	トランスワールドジャパン
✦『金運革命』	WAVE出版
✦『宇宙は、「現象」を通してあなたに語る』	ビジネス社

※その他の書籍や、電子書籍、PODブック、佳川奈未に関する情報は下記へ♪
『佳川奈未公式☆奇跡が起こるホームページ』　http://miracle-happy.com/
※佳川奈未の個人セッションや各種講座が受けられる♪
『ホリスティックライフビジョンカレッジ』　http://holistic-life-vision24.com/

本書のカバー折り返し部分の「スマホで使えるお守り」は、待受にしても切り取って財布やバッグに入れてもOK♪　いいことを惹き寄せ、悪いものが去っていきますよ！

著者紹介

佳川 奈未　作家。作詞家。神戸生まれ。世代を超えた多くの女性たちから圧倒的な人気と支持を得ているベストセラー作家。生き方・願望実現・夢・お金・恋愛・成功・幸運テーマの著書は150冊以上。海外でも多数翻訳。精神世界にも精通。スピリチュアルな世界を実生活に役立つ形で展開。潜在意識や願望実現等の講座は、海外からの受講生も多い。レイキヒーラー、エネルギーワーカーとして定期的に開催の個人セッションには、ヒーラーやカウンセラーや医師、芸能人や著名人も訪れる。

※「ミラクルハッピー」は、佳川奈未のブランドであり、株式会社クリエイティブエージェンシーの「登録商標」です。

公式HP　http://miracle-happy.com/

たちまち、「良縁《りょうえん》」で結《むす》ばれる
「悪縁《あくえん》」の切《き》り方《かた》

2019年4月1日　第1刷

著　　者　佳《よし》川《かわ》奈《な》未《み》
発 行 者　小澤源太郎

責任編集　株式会社 プライム涌光
電話　編集部　03(3203)2850

発 行 所　株式会社 青春出版社
東京都新宿区若松町12番1号 〒162-0056
振替番号　00190-7-98602
電話　営業部　03(3207)1916

印　刷　共同印刷　　製　本　大口製本

万一、落丁、乱丁がありました節は、お取りかえします。

ISBN978-4-413-23119-0 C0095